Hamburger Köpfe

Herausgegeben von der ZEIT-Stiftung
Ebelin und Gerd Bucerius

Karl Schiller
Uwe Bahnsen

Ellert & Richter Verlag

Inhalt

6 Geleitwort

9 Der Ökonom, die Gesellschaft und die Politik

18 Eine schwierige Jugend in der großen Depression

32 Anpassung und Überleben im „Dritten Reich"

43 Wege aus dem Elend der Nachkriegszeit

59 Rückkehr auf die Märkte der Welt

81 Ordinarius und Rektor in Hamburg

90 Bewährung in einer bedrohten Stadt

110 Aufschwung nach Maß

141 Der mächtigste Ökonom der Republik

164 Bittere Jahre nach dem Rücktritt

176 Der schwierige Weg in die offene Gesellschaft

182 Anmerkungen
186 Glossar
192 Quellen und Literatur
194 Zeittafel
196 Nachwort
200 Impressum

Geleitwort

„Schiller" und „schillernd", dieses Wortspiel lag nahe, ist aber unsinnig und unzulässig. Uwe Bahnsen, der Verfasser dieser vorzüglichen Biografie Karl Schillers, macht uns das eindrücklich klar.

Unter eher politischen Vorzeichen hat der große Ökonom in der Tat manche Wendung vollzogen. 1933 ist er in die SA, 1937 in die NSDAP eingetreten. 1946 wurde die SPD seine parteipolitische Heimat. Nach seinem Rücktritt als „Superminister" im Juli 1972 hat er die Partei verlassen, um ihr 1980 wieder beizutreten. Und die Stationen seines beruflichen Lebens sind ebenso vielfältig gewesen, wie ja auch der Privatmann Karl Schiller nicht nur der Regenbogenpresse immer wieder Anlässe für mehr oder weniger seriöse Betrachtungen geliefert hat.

1966 bin ich ihm zum ersten Mal begegnet. Damals war er für uns Jüngere bereits ein Star. Über seinen Weggefährten, den unvergessenen Klaus Dieter Arndt, war die Frage an mich gelangt, ob ich im Stab des Bundesministers für Wirtschaft mitarbeiten wolle. Nach einem ungemein intensiven Gespräch mit Karl Schiller habe ich dieses höchst ehrenvolle Angebot abgelehnt. Ich war mir sicher, dass ich dafür nicht reif war, mich an diesem großen Mann würde verbrennen müssen.

So wie mir ist es während der langen Jahrzehnte seines Lebens vielen ergangen. Karl Schiller war drückend überlegen, und –

was die Sache nicht einfacher machte – er ließ das auch durchblicken. Das hat ihm das Leben schwer gemacht und wohl auch zu dem eingangs erwähnten Wortspiel beigetragen. In Wirklichkeit aber liegen die Dinge anders: Karl Schiller ist ein brillanter Kopf gewesen, wie ihn die deutsche Nachkriegspolitik nur ganz, ganz selten gekannt hat. Er war Marktwirtschaftler, aber einer, der über die Rechts- und Wettbewerbsordnung hinaus den Staat als steuerndes Element einzusetzen bereit war. Es mag sein, dass der Wissenschaftler Schiller sich von diesen Steuerungsmöglichkeiten eine übertriebene Vorstellung gemacht hat. Und ganz gewiss hat er darunter gelitten, dass manch ein Weggenosse ihm in der für ihn typischen Unbedingtheit zu folgen nicht bereit war.

Und dennoch sind seine Beiträge zur Ordnung der Hamburger und der deutschen Verhältnisse gewaltig gewesen:

Er hat 1946 mit Max Brauer und anderen einen Generalplan für die Entwicklung der Hamburger Wirtschaft unter den Bedingungen der Besatzungszeit erarbeitet. Diese Arbeit hat im Deutschland der ersten Nachkriegsjahre weit über Hamburg hinaus gewirkt.

Er hat 1959 zusammen mit Heinrich Deist entscheidende Grundlagen für das Godesberger Programm der SPD gelegt, das die Sozialdemokratie zur großen Volkspartei gemacht hat. Man lese die entsprechenden Passagen noch einmal durch! Da ist vieles moderner als im Hamburger Programm der SPD aus dem Jahre 2007.

Er hat ab 1966 zusammen mit Franz Josef Strauß den Rahmen für ein auf Jahre hinaus überzeugendes Konzept der Wirtschafts- und Finanzpolitik geschaffen. Das hat dann zur umfassendsten Ergänzung des Grundgesetzes in seiner gesamten Geschichte geführt.

Es ist wahr: Karl Schiller ist von Jugend auf auch durch persönlichen Ehrgeiz und den Hang zum persönlichen Fortkommen angetrieben worden. Seit wann aber sind intellektuelle Stringenz, gesunder Ehrgeiz und Leistungsbezug Untugenden? Manche „Parteisoldaten" in der SPD haben das nicht immer verstanden; viele haben ihn auch bekämpft. Aber es ehrt die

Sozialdemokratie, dass sie ihn wieder aufgenommen hat und mit ihm voller Hochachtung umgegangen ist.

Ein großer „Hamburger Kopf" also! Hier hat er nach Kriegsende seine wissenschaftliche und politische Karriere begonnen. Hier hat er einen langen und höchst aktiven letzten Lebensabschnitt erleben dürfen. Und hier ist er am zweiten Weihnachtstag 1994 gestorben.

Uwe Bahnsen zeichnet das alles in bemerkenswerter Weise nach – offen, nicht unkritisch, aber immer mit feinem Gespür für die wirklichen Proportionen. Und so wächst beim Leser eine doppelte Einsicht. Karl Schiller war jemand, an dem man sich reiben musste. Aber wehe uns allen, wenn wir unter einer allgegenwärtigen „political correctness" das unabhängige Denken und das zielgerichtete Handeln verlernen!

Die ZEIT-Stiftung Ebelin und Gerd Bucerius jedenfalls dankt dem Verfasser aufrichtig. Sie schätzt sich glücklich, gerade diesen Band in der Reihe „Hamburger Köpfe" vorlegen zu können. Ferner dankt die Stiftung den Mitgliedern des wissenschaftlichen Beirats Prof. Dr. Franklin Kopitzsch, Prof. Dr. Hans-Dieter Loose, Dr. Theo Sommer und Dr. Ernst-Peter Wieckenberg und – aus dem Haus der ZEIT-Stiftung – der Projektleiterin Christine Neuhaus. Zu danken ist auch Marita Ellert-Richter und Gerhard Richter für ihr verlegerisches Engagement sowie den Mitarbeitern ihres Verlags.

Prof. Dres. h.c. Manfred Lahnstein
Vorsitzender des Kuratoriums der
ZEIT-Stiftung Ebelin und Gerd Bucerius

Der Ökonom, die Gesellschaft und die Politik

„Wer Politik treibt, erstrebt Macht" – dieser lapidare Satz des großen Soziologen Max Weber[1] galt uneingeschränkt auch für Karl Schiller (1911–1994), der als Ökonom und Wirtschaftspolitiker zu den prägenden Gestalten der Nachkriegszeit in Deutschland zählt. Auf dem Höhepunkt seiner politischen Laufbahn war er als Bundesminister für Wirtschaft und Finanzen (1971/72) gewiss einer der mächtigsten Männer der Republik. Macht zu haben, noch dazu gepaart mit dem Gefühl intellektueller Überlegenheit, bedeutete ihm viel. Doch Karl Schiller wollte mehr. Ihm war der Unterschied zwischen Macht und Herrschaft als „Sonderfall der Macht" im Sinne Max Webers[2] sehr bewusst. Es war vor allem die Herrschaft über die Begriffe und deren Deutung, die er erstrebte. Seine oft bewunderte Fähigkeit, einprägsame Metaphern zu formulieren, und seine rhetorische Begabung kamen ihm dabei zustatten. Zeitweise gelang ihm beides – er war mächtig und er beherrschte den wirtschaftspolitischen Diskurs in einem Ausmaß, das im Grunde ohne Beispiel war und sogar Ludwig Erhard hinter sich ließ. „Economic maestro" nannte ihn die „New York Times". Doch abhängig von der Droge Macht, Sklave seiner Ambitionen, seines Ehrgeizes, seiner Eitelkeit, war er nie.

In der deutschen Nachkriegsgeschichte hat Karl Schiller eine tiefe Spur hinterlassen. Er vor allem hat, wie sein Mitstreiter und Vorgänger Heinrich Deist, die Wirtschaftspolitik der SPD aus der Fixierung auf planwirtschaftliche Dogmen und der Doktrin einer detaillierten Investitionslenkung herausgeführt und die Partei damit für breite Wählerschichten jenseits der traditionellen sozialdemokratischen Klientel geöffnet und wählbar gemacht. Das gelang ihm, weil er in seiner Person jene Eigenschaften vereinigte, die erst alle zusammen den großen Wirtschaftspolitiker ausmachen: ein eigenständiges, überaus kompetentes ökonomisches Urteil, politischer Gestaltungswille,

Heinrich Deist (1902–1964) war ein Mitstreiter Schillers bei der Öffnung der SPD für die Marktwirtschaft, Foto von 1959.

dazu die Begabung für griffige Formulierungen, um die eigene Botschaft auch in den Medien zu transportieren und der Öffentlichkeit schwierige wirtschaftliche Zusammenhänge zu erklären. Dieser schmalbrüstige Professor der Volkswirtschaftslehre, schon äußerlich alles andere als ein Volkstribun, vermochte auf großen Wahlkundgebungen seine Zuhörer gänzlich ohne Pauken und Trompeten so zu faszinieren, dass sie ihm an den Lippen hingen. Zugleich bewies er Mut, Zähigkeit und Durchsetzungsvermögen. Einen Bundestagswahlkampf wie den von 1969 vornehmlich mit dem spröden, im Grunde nur Experten verständlichen Thema einer Aufwertung der Deutschen Mark (DM) zu führen, und zwar mit Erfolg – dieses Kunststück gelang nur ihm, und Willy Brandt und die gesamte SPD haben davon profitiert.

Der britische Nationalökonom John Maynard Keynes (1883–1946), Foto von 1933.

Karl Schiller war einer der wenigen Ökonomen, die es vermochten, die theoretische Analyse zur Grundlage erfolgreicher Wirtschaftspolitik zu machen. Gewiss war er Marktwirtschaftler im Geiste Ludwig Erhards. Doch als Wirtschaftspolitiker orientierte er sich, bei allem Respekt vor individuellen Marktentscheidungen, an dem Grundsatz, der Staat könne und müsse mit marktkonformen Mitteln der Finanz-, Steuer- und Konjunkturpolitik eingreifen, um wirtschaftlichen Fehlentwicklungen vorzubeugen. Er war mit dem Vorsatz angetreten, den Nachweis zu führen, dass es gelingen könne, die imperativen Forderungen der marktwirtschaftlichen Lehre mit der auf Keynes fußenden Botschaft der Nachfragesteuerung zu versöhnen. Als Bundeswirtschaftsminister der Großen Koalition erbrachte er diesen Nachweis mit einem wirtschaftspolitischen Meisterstück: Er führte die Wirtschaft der Bundesrepublik durch die gezielte Erhöhung der Staatsausgaben in einen „Aufschwung nach Maß". Eine Arbeitslosenquote unter einem Prozent, eine Inflationsrate von 1,5 Prozent, ein reales Wachstum des Sozialprodukts von 7,3 Prozent im Boomjahr 1968 – von einer solchen Konstellation konnten seine Amtsnachfolger nur noch träumen.

Für Karl Schiller war Wirtschaftspolitik eine Sache der Vernunft, nicht der Dogmen, der Ideologie oder des Gruppeninteresses. Irrationales, kontraproduktives, sachfremdes Handeln war ihm zuwider. Das war seine Stärke und seine Schwäche zugleich.

Vor der Illusion, alles sei ökonomisch tatsächlich machbar, wenn es nur mit staatlichen Garantien unterlegt sei, bewahrte ihn sein profundes ökonomisches Wissen ebenso wie sein ausgeprägter Realismus.

Schiller war ein brillanter Kopf, dabei schwierig und unbequem – von der Richtigkeit der eigenen Ansichten unbeirrbar überzeugt, von zuweilen überbordender Eitelkeit, mit einem kräftezehrenden Hang zur Abend- und Nachtarbeit. Viele ließ er seine Überlegenheit spüren, nur wenige ließ er neben sich gelten. Das trug ihm Gegnerschaften ein, wo Unterstützung und Zusammenarbeit wichtig gewesen wäre. Einer seiner Biografen hat ihn die „Diva seiner Zeit"[3] genannt. Das war er nicht – wohl aber ein Egozentriker par excellence, der mit seiner Ichbezogenheit immer wieder zu einem Problem für diejenigen wurde, die mit ihm zu tun hatten.

Karl Schiller und Helmut Schmidt: Diese beiden Ökonomen und Politiker waren viele Jahre Weggefährten, auch Kontrahenten und Rivalen. Ihr persönliches Verhältnis war geprägt durch Höhen und Tiefen. Doch erst im Rückblick wird deutlich, wie sehr sich ihre Lebenswege wechselseitig bedingten und beeinflussten. Man mag es eine Ironie der Geschichte nennen, dass Karl Schiller als Wirtschafts- und zuletzt dazu noch als Finanzminister ebenso am mangelnden Rückhalt in

Helmut Schmidt, wohl der beste Debattenredner der SPD, im März 1966 im Bonner Bundestag.

der eigenen Partei scheiterte wie ein Jahrzehnt später sein direkter Amtsnachfolger Helmut Schmidt als Bundeskanzler, dessen Abwahl freilich komplexere Ursachen hatte. Beide mussten erfahren, dass ein Teil der deutschen Sozialdemokratie nicht bereit war, sich statt an ideologischen Glaubenssätzen an Fakten zu orientieren. Beide erlebten jedoch die Genugtuung, dass sie über alle Parteigrenzen hinweg nicht nur in der deutschen, sondern auch in der internationalen Öffentlichkeit eine Popularität und ein Ansehen genossen, das nur wenigen Politikern vergönnt ist. Als einer der Belege dafür mag der so noble wie ausführliche Nachruf dienen, mit dem die Londoner „Times" Schillers Persönlichkeit und Laufbahn würdigte, nachdem er am zweiten Weihnachtsfeiertag 1994 im Hamburger Universitätskrankenhaus Eppendorf verstorben war.

Max Brauer (1887–1973) am 22. November 1946,
dem Tag seiner Vereidigung als Erster Bürgermeister.

Für Karl Schillers Lebensleistung als Ökonom, als Politiker, als Wissenschaftler hat seine Zeit in Hamburg eine besondere Bedeutung. Hier begann sein politisches Engagement; hier festigten sich seine wirtschaftspolitischen Grundüberzeugungen, die Prämissen und Postulate praktischer Wirtschaftspolitik; hier bot sich ihm die Möglichkeit, auf dem überschaubaren Terrain eines freilich komplizierten Gemeinwesens die Durchsetzbarkeit eigener Konzepte zu erproben. Schiller war, an der

Dr. Walter Dudek (1890–1976),
Hamburgs Finanzsenator in schwerer Zeit.

Seite des Ersten Bürgermeisters Max Brauer, einer der Wegbereiter für die Rückkehr der zerbombten Handelsmetropole auf die Märkte der Welt. Als er im ersten Nachkriegsjahr nach Hamburg kam, waren die Stadt, ihre Wirtschaft und ihr Haushalt in einem Zustand, den der damalige Finanzsenator Dr. Walter Dudek (SPD) am 4. Oktober 1946 in seiner „Eröffnungsbilanz", einer der bewegenden Reden der hamburgischen Parlamentsgeschichte, mit der Feststellung beschrieb: „Noch zeigen sich nirgends irgendwelche Anzeichen der Besserung. Doch dürfen wir selbst in dieser fast ausweglosen Lage nicht verzweifeln, denn Verzweiflung heißt Selbstaufgabe. Mit verstandesmäßigen Gründen kann man sich nicht trösten oder helfen. Hier hilft nur Pflichtbewusstsein und Mut und ein festes Vertrauen auf den Erfolg und die Zukunft des deutschen Volkes."[4]

Vor diesem Hintergrund liest man heute nicht ohne Bewegung jene 95 Seiten umfassende Expertise, auf miserablem Papier im Format eines Schulheftes gedruckt, in der Karl Schiller sich als Vorsitzender einer Gutachter-Kommission zur „künftigen wirtschaftlichen Entwicklung Hamburgs" äußerte.[5] Diese Denkschrift entstand, als die Kältekatastrophe des Winters 1946/47 die Hansestadt im wörtlichen Sinne an den Rand des Zusammenbruchs trieb. Und dennoch war sie von dem gleichen Geist durchdrungen wie die Rede Dudeks: nüchtern, mutig, realistisch, trotz aller bedrückenden Umstände nicht verzagt. Es war der Weg aus dem Elend, den Schiller mit diesem Memorandum politisch und ökonomisch beschrieben hatte.

Schillers Verdienste um Hamburg betreffen jedoch nicht nur den wirtschaftlichen Wiederaufbau. Er war auch mehrere Jahre hindurch Rektor der Hamburger Universität (1956–1958). Als er dieses Amt am 20. November 1956 antrat, meinte er in seiner Dankesrede zu den Studenten, die ihn mit einem Fackelzug zum Hauptgebäude der Universität geleitet hatten, den Hamburgern könne „nicht oft genug gezeigt werden, dass sie eine Universität haben". In diesem Sinne hat er gehandelt. Unablässig und mit großer Energie hat er den Ausbau der Hochschule vorangetrieben und dafür geworben.

Die Freie und Hansestadt Hamburg verdankt Karl Schiller viel. Das allein ist Grund genug, ihn als „Hamburger Kopf" zu porträtieren. Doch es geht auch um eine weitere Dimension dieses bedeutenden Mannes, der gleichermaßen triumphale und tragische Phasen durchlebt hat.

Als die Nachricht vom Ableben Schillers bekannt wurde, ließ eine der angesehenen Zeitungen der Republik verlauten, er sei „nur ein schönes Intermezzo" gewesen, seine Jahre an der Macht „nur ein Gastspiel"[6], eben ohne Nachwirkungen. Der Autor dieser Biografie hingegen bekennt sich zu der Auffassung, dass Karl Schiller ein geistiges Erbe hinterlassen hat, das es zu wahren gilt. Er hat uns etwas zu sagen. Goethe meinte, es scheine „die Hauptaufgabe der Biografie zu sein, den Menschen in seinen Zeitverhältnissen darzustellen und zu zeigen, inwiefern ihm das Ganze widersteht, inwiefern es ihn begünstigt, wie er sich eine Welt- und Menschenansicht daraus gebildet und wie er sie, wenn er Künstler, Dichter, Schriftsteller ist, wieder nach außen abgespiegelt hat".[7] Es ist kein Grund ersichtlich, weshalb das nicht auch für einen Wissenschaftler und Politiker vom Rang Karl Schillers gelten soll, auch wenn es sich, wie bei dem vorliegenden Band, nur um eine biografische Skizze handelt, die sich auf die Grundlinien der porträtierten Persönlichkeit und ihres Lebenswerkes beschränkt.

Eine schwierige Jugend in der großen Depression

Karl Schillers ausgeprägte Neigung, der Umwelt den Blick in sein Inneres zu verwehren, war eine der Grundhaltungen seines Lebens. Er nahm es in Kauf, als verschlossen oder gar als hochmütig zu gelten. Wenn er sich, selten genug, anderen gegenüber öffnete, ob als Primaner, später als Professor oder Politiker, dann nicht spontan, sondern nur nach sorgfältiger Überlegung. Selbstzeugnisse in diesem Sinne hat er nur wenige hinterlassen. Sie sind gewiss für eine Darstellung seines Lebens und die Einordnung seiner Persönlichkeit unentbehrlich, doch umso mehr bedürfen sie auch kritischer Bewertung. Memoiren zu schreiben, hat Schiller stets beharrlich abgelehnt, obwohl es weder an Angeboten und ganz gewiss nicht an Stoff mangelte. Besonders konsequent ausgeschwiegen hat er sich über seine Kindheit und Jugend.

Als einziges Kind des Ingenieurs Carl Hermann Schiller und seiner Ehefrau Maria Schiller, geborene Dreizehner, wurde Karl August Fritz Schiller am 24. April 1911 im Hause Schönstraße 7 in Breslau geboren. Die Eltern kamen aus kleinbürgerlichen Verhältnissen. Vater Carl Hermann Schiller stammte aus Köln und war der Sohn eines pensionierten Eisenbahnschaffners. Mutter Maria, Tochter eines Schiffbaumeisters, war laut Heiratsregister „ohne besonderen Stand", hatte also offenkundig keinen erlernten Beruf.

Die junge Familie blieb nicht lange in Breslau. Offenbar beruflich bedingt, zog Vater Schiller mit Frau und Sohn zunächst nach Danzig, dann nach Berlin, wo er 1914 eingezogen wurde. Mutter Maria übersiedelte mit dem dreijährigen Karl nach Wilhelmshaven und kehrte zwei Jahre später in ihren Heimatort Neumühlen-Dietrichsdorf zurück. Als ihr Mann 1918 den Militärdienst beendet hatte, folgte sie ihm nach Berlin. Doch die Eheleute lebten sich auseinander, und am 17. Mai 1920 wurde die Ehe durch Urteil des Preußischen Landgerichts I in Berlin geschieden. Die Mutter suchte mit ihrem inzwischen

Karl Schiller 1913, als Zweijähriger mit seinem Großvater väterlicherseits. Eine behütete Kindheit erlebte er nicht.

neunjährigen Sohn Zuflucht bei ihrem Vater in Neumühlen-Dietrichsdorf, das 1924 nach Kiel eingemeindet wurde.
Für den Jungen waren das einschneidende Erfahrungen. Er war nach seinem Naturell ohnehin eher ein Einzelgänger, und durch den häufigen Wohnungswechsel hatte er kaum Gelegenheit gehabt, Freundschaften zu Gleichaltrigen zu entwickeln. Eingeschult 1917 in Neumühlen-Dietrichsdorf, besuchte er in Berlin die Hansa-Vorschule, dann die Menzel-Realschule, ehe er Ostern 1922 auf die Hebbelschule in Kiel überwechselte – ein Realgymnasium, das sich der Reformpädagogik verschrieben hatte. Dahinter stand nicht nur ein Bildungsideal, sondern ein sehr konkretes pädagogisches Ziel: nicht allein der Erwerb eines abrufbaren Sach- und Fachwissens, sondern die Entwicklung der Persönlichkeit, des eigenen Urteilsvermögens, die Pflege künstlerischer Neigungen, auch der Liebe zur Na-

tur, dazu ein staatsbürgerliches Verantwortungsbewusstsein im demokratischen Staat. Diese Reformpädagogik hat den jungen Karl Schiller geprägt. Er war ein hochbegabter Schüler mit scharfem Verstand, vorzüglicher Auffassungsgabe und exzellenten Leistungen quer durch den Fächerkanon, ungemein fleißig und zuverlässig, Klassenprimus und Klassensprecher. Ein von seinen Mitschülern abgelehnter Streber aber war er nicht.

Karl Schiller 1923 als Klassenprimus.
Das Geld für das Fahrrad hatte er sich selbst verdient.

Dieses Leistungs- und Persönlichkeitsbild ist umso höher zu bewerten, als die häuslichen Verhältnisse jedenfalls in materieller Hinsicht mehr als schwierig waren. Zwar zahlte der Vater in den ersten Jahren nach der Scheidung Unterhalt, doch wurde er 1927 arbeitslos, und nun blieben die Überweisungen aus. Schon vorher hatte der Sohn Nachhilfestunden geben und damit zu seinem und seiner Mutter Lebensunterhalt beitragen müssen. In einer der wenigen Äußerungen über seine Kindheit und Jugend bekannte er ein halbes Jahrhundert später dem Journalisten Ben Witter: „Mein Vater war Ingenieur, aber in den zwanziger Jahren ging es um jeden Groschen."[8] Das war keine Redensart, sondern die Realität seiner Jugend. Die Mutter, die sich mit Gelegenheitsjobs durchschlug, war jedenfalls auf diese Groschen angewiesen, um sich und ihren Jungen durchzubringen. Der Verleger Gerd Bucerius brachte diese Lebensverhältnisse auf den Punkt, als er zu Karl Schillers 80. Geburtstag schrieb:

„[…] mir scheint, er und seine Mutter waren schlichtweg arm […] Über Einzelheiten mag der Jubilar nicht reden. Armut hieß um 1931: Hunger."[9]

Im Februar 1931 bestand Karl Schiller die Reifeprüfung. Es war ein außerordentlich gutes Abitur. Lediglich das Fach Leibesübungen fiel mit der Note „Befriedigend" aus dem Rahmen. Begabung, Ehrgeiz und Wissensdurst waren die Triebfedern dieses erstaunlichen jungen Mannes, der auch ausgeprägte

Die Begrüßungsansprache beim „Bunten Abend" im Festsaal der Kieler Hebbelschule am 19. Juni 1929 hielt der Unterprimaner Karl Schiller.

literarische Interessen hatte. Ernst Jünger war und blieb einer seiner Lieblingsautoren. Er war der erste in seiner Familie, der eine solche Schullaufbahn absolviert hatte, und das mit diesem Erfolg. Und er hat offenbar sehr bewusst Schlussfolgerungen aus den Erfahrungen seiner Kindheit und Jugend gezogen. Ein Indiz dafür ist eine Passage aus dem Lebenslauf, den er seinem Antrag auf Zulassung zum Abitur beizufügen hatte. Darin schrieb er Anfang Dezember 1930, sein Elternhaus sei „in dem ersten Jahrzehnt meines Lebens allzu schwankend, allzu veränderlich und wechselnd" gewesen.[10] Es war die Zeitspanne, in der seine Eltern verheiratet waren. Karl Schiller hat seinen Vater für das Zerbrechen der Ehe und die bitteren Folgen vor allem für seine Mutter verantwortlich gemacht, und so war und blieb das Verhältnis zu ihm schwierig und belastet.

Der Vater war ein Bruder Leichtfuß – unstet, viermal verheiratet, leichtsinnig, unsolide, das Gegenteil eines strebsamen, treu sorgenden Hausvaters. Anders der Sohn. Ehrgeiz, Fleiß, Sparsamkeit, Ernsthaftigkeit, Verlässlichkeit – mit diesen Tugenden

Abiturienten der Hebbelschule im Februar 1931.

und der überragenden Intelligenz, die ihm in die Wiege gelegt worden war, gedachte der junge Karl Schiller das Leben zu meistern. Ihn beherrschte ein fast fanatischer Aufstiegswille. Nie wieder materielle Not leiden zu müssen, das war sicherlich sein Grundmotiv, das auch später immer wieder offen zu Tage trat, zum Beispiel im Zusammenhang mit ministeriellen Versorgungsansprüchen. Später zeigten sich bei ihm allerdings auch Charakterzüge, die an seinen Vater und dessen unbekümmerte Lebensauffassung erinnerten. Karl Schiller hatte auch eine bukolische Seite, einen Hang zum Künstler- und Boheme-Milieu. Seine vier Ehen, mit denen er es dem Vater gleichtat, gehören in diesen Kontext, desgleichen der Spitzname „Der flotte Karl", mit dem er in den Jahren des Erfolges von Mitarbeitern und Weggefährten belegt wurde.

Schon als Schüler ließ Karl Schiller eine Neigung für die Technik und die Naturwissenschaften erkennen. Ihn faszinierte das

Exakte, Messbare, das empirisch Überprüfbare, und so entschloss er sich zunächst zum Ingenieurstudium an einer Technischen Hochschule. Väterlicher Einwirkung war dies gewiss nicht zuzuschreiben. Die wirtschaftlichen Verhältnisse, in denen Karl Schiller aufgewachsen war, ließen den Gedanken an ein Hochschulstudium als absurd erscheinen, doch es gab die Studienstiftung des deutschen Volkes für Hochbegabte. Deren Zweck war es, … „die Hochschulbildung junger Menschen [zu fördern], deren hohe wissenschaftliche oder künstlerische Begabung und deren Persönlichkeit besondere Leistungen im Dienst der Allgemeinheit erwarten lassen." Für den jungen Karl Schiller traf das Wort für Wort zu, und so wurde er Stipendiat der Studienstiftung. Um jedoch zunächst etwas Geld zu verdienen, verdingte er sich als Werkstudent im Maschinenbau der Kieler Howaldtswerke. Vier Wochen genügten für den Entschluss, das in Aussicht genommene Studienfach zu wechseln. Später hat er über diese Zeit an der Werkbank gesagt: „Metallteile zu feilen – das war nichts für mich."[11] Er beschloss, Volkswirtschaftslehre zu studieren.

Zum Sommersemester 1931 wurde Karl Schiller an der Christian-Albrechts-Universität in Kiel für dieses Fach immatrikuliert. Er begann sein Studium in einer wirtschaftlich trostlosen, politisch dramatischen Zeit. Die Weltwirtschaftskrise, die am 25. Oktober 1929, dem „Schwarzen Freitag", mit dem Zusammenbruch des Aktienmarktes an der New Yorker Wall Street begann und rasch globale Ausmaße annahm, wurde sehr schnell auch in Deutschland zur Ursache massiver wirtschaftlicher und sozialer Probleme. Die wirtschaftliche Stabilisierung in Deutschland Mitte der zwanziger Jahre hatte wesentlich auf kurzfristigen US-Anleihen beruht, die nun ebenfalls kurzfristig abgezogen wurden. Weiterer Kapitalexport aus den Vereinigten Staaten blieb aus. Das Millionenheer der Arbeitslosen, die Verarmung breiter Bevölkerungsschichten, dazu die Reparationslasten aus dem Versailler Vertrag hatten auch zu politischen Fieberzuständen geführt. Bürgerkriegsähnliche Auseinandersetzungen zwischen Kommunisten und Anhängern von Adolf Hitler, besonders der SA, sorgten täglich für Schlagzeilen. Am 28. März 1931 erließ Reichspräsident Paul von Hindenburg eine Notverordnung zur „Bekämpfung politischer Ausschreitungen". Am 17. Mai erreichte die NSDAP bei der Landtagswahl in Oldenburg bereits 37,2 Prozent der abgegebenen Stimmen. Am 13. Juli begann mit dem Zusammenbruch der Darmstädter und Nationalbank (Danatbank) eine Welle von Bank- und Firmenpleiten, und am 6. Oktober folgte eine Notverordnung des Reichspräsidenten „zur Sicherung von Wirtschaft und Finanzen und zur Bekämpfung politischer Ausschreitungen", die mit einschneidenden Sparmaßnahmen verbunden war. Zwei Tage später, am 8. Oktober, stand Hamburg unmittelbar vor dem Staatsbankrott, der nur durch einen Eilkredit des Reichsfinanzministeriums abgewendet werden konnte.

Für den Studienanfänger Karl Schiller, wie für jeden jungen Menschen, war diese beispiellose Talfahrt der deutschen Wirtschaft mit ihren verhängnisvollen sozialen und politischen Folgen einerseits eine schwere Belastung. Andererseits aber sah er darin für sich selbst und sein Studium eine intellektuelle Herausforderung: Gab es ein wirtschafts- und konjunkturpolitisches Instrumentarium, um dieser lebensbedrohlichen Krise Herr zu werden? Der Student Schiller war einigermaßen verblüfft und zeigte sich noch ein halbes Jahrhundert später in einem Gespräch mit der Journalistin Renate Merklein[12] verwundert darüber, dass in den Vorlesungen und Seminaren, die er in Kiel besuchte, die Weltwirtschaftskrise nur am Rande eine Rolle spielte. Das galt sogar für die Lehrveranstaltungen zur Konjunkturtheorie. Die Frage, welchen Beitrag die akademische Nationalökonomie für die Bewältigung der Krise leisten könne, wurde nur beiläufig thematisiert. Das war umso erstaunlicher, als Professor Adolph Löwe, bei dem Schiller in Kiel studierte, als einer der führenden deutschen Konjunkturtheoretiker seiner Zeit galt. Auch war zumindest eine der grundlegenden Arbeiten des britischen Nationalökonomen John Maynard Keynes (1883–1946), der mit seinen Thesen zur Krisenbewältigung durch expansive Kreditpolitik und staatliche Nachfragesteuerung die Wirtschafts- und Konjunkturpolitik für Jahrzehnte international prägen sollte, bereits erschienen.[13] Keynes war in Deutschland überaus angesehen, weil er 1919 als Berater der britischen Delegation auf der Versailler Friedenskonferenz zurückgetreten war. Er hatte die alliierten Reparationsforderungen für volkswirtschaftlich nicht vertretbar gehalten. Als er diese Warnungen am 25. August 1922 in einem Vortrag vor dem gerade gegründeten Hamburger Übersee-Club erneuerte und bekräftigte, war das für die deutsche Öffentlichkeit ein großes Thema.

Es gab in der zweiten Hälfte der zwanziger Jahre sehr wohl Nationalökonomen, die, noch vor Keynes, Theorien in seinem Sinne entwickelt hatten. Nur fanden sie in der damaligen Reichsregierung unter dem Reichskanzler Heinrich Brüning, der

Die Weltwirtschaftskrise beginnt: Am Donnerstag, den 24. Oktober 1929 wird die New Yorker Börse geschlossen.

starr auf eine rigorose Deflationspolitik fixiert war, kein Gehör und in den Universitäten nur einen geringen Widerhall. Einer der Gründe für die weitgehende Ignoranz gegenüber den drängenden Problemen der Wirtschaft, die den angehenden Nationalökonomen Schiller in Kiel irritierte, lag sicherlich in der deutschen Universitätstradition. Der Wissenschaftsbegriff wurde eben immer noch vorwiegend theoretisch und abstrakt definiert. Im September 1931 nahm Karl Schiller für drei Wochen an einem Arbeitslager des Freiwilligen Arbeitsdienstes im holsteinischen Rickling teil. Solche Lager wurden damals mit dem Ziel veranstaltet, die Arbeitslosen von der Straße zu bringen. Der Student Schiller, der dort mit jungen Arbeitern, aber auch mit Teilnehmern aus anderen gesellschaftlichen Milieus zusammenkam, zeigte sich von dem Gemeinschaftserlebnis hellauf begeistert, und als er im Herbst 1939, kurz nach Kriegsausbruch, als

Dozent einen Lebenslauf zu verfassen hatte, war ihm dieses Arbeitslager für eine ausdrückliche Erwähnung wichtig genug. Als Adolph Löwe zum Wintersemester 1931/32 einen Ruf nach Frankfurt am Main erhielt, folgte Schiller ihm für zwei Semester, ehe er dann für das Wintersemester 1932/33 nach Berlin wechselte, wo er vor allem bei Professor Emil Lederer hörte, dem Nachfolger des Soziologen Werner Sombart. Lederer war ebenso wie Löwe dem Kreis der freiheitlichen Sozialisten zuzu-

Professor Carl Brinkmann (1885–1954),
Nationalökonom und Soziologe, Foto von 1927.

rechnen, dem sich auch Karl Schiller verbunden fühlte, der dem Sozialistischen Studentenbund nahestand. Ob er auch formell Mitglied war, ist ungeklärt. Nach Hitlers Machtübernahme folgte Schiller Lederers Ratschlag, nach Heidelberg zu wechseln, weil er dort noch am ehesten darauf hoffen könne, sein Studium ohne ideologische Einengung durch die neuen Machthaber abschließen zu können. Lederer und Löwe mussten wie so viele deutsche Gelehrte noch im Frühsommer 1933 emigrieren, um sich vor dem NS-Regime in Sicherheit zu bringen. Die beiden letzten Studiensemester hörte Schiller in Heidelberg bei Professor Carl Brinkmann, dem Chef des dortigen renommierten Instituts für Sozial- und Staatswissenschaften. Brinkmann war kein Nationalsozialist, wohl aber ein Nationalkonservativer, der es verstand, sich mit den neuen politischen Gegebenheiten mühelos zu arrangieren.

Anmeldung zur Immatrikulation an der Universität Heidelberg
(Vom Studierenden deutlich auszufüllen)

1. Familienname: Schiller Vornamen: Karl, August, Fritz (Rufname unterstreichen)
2. a) Geburtstag und -jahr: 24. April 1911 b) Geschlecht: männlich — weiblich
3. Geburtsort: Breslau Kreis/Provinz: Schlesien Staat oder Land: Preußen
4. Staatsangehörigkeit: Preußen 5. Religiöse Zugehörigkeit: ev. luth.
6. a) Die Immatrikulation wird beantragt auf Grund des Reifezeugnisses des Gymnasiums, Realgymnasiums, der Oberrealschule, Studienanstalt zu Kiel, Hebbel-Schule vom 26. 2. 19 31
   oder auf Grund welcher sonstigen Vorbildung?
   b) für welches Studium? rer. pol. Hauptfächer: Nationalökonomie
   Nebenfächer: Jura, Betriebswirtschaftslehre
7. Wo waren Sie bisher immatrikuliert?
   zum 1. Male in: Kiel Ostern Herbst 19 31
   „ 2. „   Frankfurt/M. Ostern Herbst 19 31
   „ 3. „   Berlin U. Ostern Herbst 19 32
   „ 4. „   Ostern Herbst 19
   zum 5. Male in: Ostern Herbst 19
   „ 6. „   Ostern Herbst 19
   „ 7. „   Ostern Herbst 19
   „ 8. „   Ostern Herbst 19
8. Haben Sie das Studium unterbrochen? nein Wenn ja, von wann bis wann? —
9. Des Vaters (wenn dieser verstorben, der Mutter oder des Vormundes):
   Vor- und Familienname: Müller (Elterngeschieden) Marie
   Stand (Beruf):
   Wohnort, Straße, Nr.: Kiel-Wik, Prinzensdorferstr. 33
10. Üben Sie einen Beruf aus? nein

Ich bescheinige durch meine Unterschrift die Richtigkeit vorstehender Angaben.
Heidelberg, den 2. Mai 19 33
Unterschrift: Karl Schiller Wohnung: Obere Neckarstr. 18 III
6/Herrmann

Immatrikuliert: 4. Mai 1933 Matr. Nr.: 515 Dispens wurde erteilt im

Abgangszeugnis.

Inhaber gehört unserer Universität seit 4. Mai 19 33 an. Wegen der Anmeldung zur ...... Prüfung wird das Abgangszeugnis vor Semesterschluß erteilt. Das akademische Bürgerrecht ist vorbehalten bis zum Schluß des ...... Semesters. Ueber die Führung ist Nachteiliges nicht bekannt geworden.

Heidelberg, den 20. Jan. 1934

Der Rektor der Universität:

Der Vorstand des Universitätssekretariats:

Abgeholt: Ab mit Post:

Schillers Immatrikulation und Abgangszeugnis vom 20. Januar 1934 an der Universität Heidelberg.

Im Juli 1933 trat ich in Heidelberg in die SA. der NSDAP. und den NSDStB. ein.

Am 1. März 1934 legte ich an der Universität Heidelberg die Diplom-Volkswirte-Prüfung mit "ausgezeichnet" ab. Danach nahm ich an einem dreiwöchigen SA.-Wehrsportlager in Adelsheim/Baden teil.

Am 1.April 1934 erhielt ich eine Assistentenstelle am Institut für Sozial- und Staatswissenschaften an der Universität Heidelberg; ich blieb in dieser Stellung bis zum 31. August 1935. Während dieser Zeit bestand meine Tätigkeit in der Personalassistenz für den Institutsdirektor, Prof. C. Brinkmann, und in der materialmässigen und technischen Vorbereitung und Unterstützung seiner volkswirtschaftlichen und volkskundlich-soziologischen Seminare.

Gleichzeitig arbeitete ich bei Prof. C. Brinkmann an einer Dissertation über "Arbeitsbeschaffung und Finanzordnung in Deutschland". Die Arbeit wurde in das Forschungsprogramm des Heidelberger Instituts aufgenommen und erschien 1936 in der Heidelberger Reihe "Zum wirtschaftlichen Schicksal Europas, II.Teil, Arbeiten zur deutschen Problematik". Mit dieser Arbeit promovierte ich an der Universität Heidelberg am 27.April 1935 zum Dr.rer.pol. "summa cum laude".

In seinem Lebenslauf verzeichnete Karl Schiller im Herbst 1939 als Dozent penibel seine Zugehörigkeit zur NSDAP, der SA und anderen NS-Organisationen. Er war jeweils Mitglied, jedoch ohne Funktion.

Karl Schiller war als Student, was er schon als Schüler gewesen war – ungemein wissbegierig und fleißig. Sein Studium absolvierte er in sechs Semestern, wobei er noch insgesamt drei Monate in der Zentrale des Studentenwerks in Dresden „im laufenden Verwaltungsbetrieb" verbrachte, wie er später schrieb. Am 1. März 1934 bestand Karl Schiller in Heidelberg die Diplomprüfung für Volkswirte mit dem Prädikat „Ausgezeichnet". Diese Beurteilung war ganz ohne Zweifel vollauf gerechtfertigt. Aber Schiller war auch bestrebt, für den Abschluss des Studiums und seine weitere Laufbahn günstige Voraussetzungen zu schaffen. In Berlin hatte er am Abend des 30. Januar 1933 in der S-Bahn erlebt, wie SA-Leute Fahrgäste misshandelten, die nach ihrer Meinung jüdisch aussahen.[14] Auch in den Wochen und Monaten danach war für jedermann erkennbar, dass sich vor allem die SA mit Gewalttätigkeiten gegen Juden und gegen tatsächliche beziehungsweise vermeintliche Regimegegner hervortrat. All das hielt Schiller jedoch nicht davon ab, im Juli 1933 in Heidelberg in die SA einzutreten, ein Jahr später auch in den NS-Rechtswahrerbund, die Berufsorganisation der Juristen im Nationalsozialismus (mit der Mitgliedsnummer 82421). Gleich nach dem Examen meldete sich der frisch gebackene Diplomvolkswirt Schiller im März 1934 auch noch zu einem dreiwöchigen Wehrsportlager der SA im badischen Adelsheim. Das waren Verbeugungen vor dem NS-Regime, die sich nur mit dem Bestreben erklären lassen, auch unter den neuen politischen Verhältnissen beruflich voranzukommen.

Zum 1. April 1934 bot Carl Brinkmann dem jungen Ökonomen eine Assistentenstelle im Institut für Sozial- und Staatswissenschaften an. Er war sehr angetan von Schillers Begabung und Zielstrebigkeit. Überdies konnte er ihm nun auch noch eine positive Einstellung zum nationalsozialistischen Staat attestieren. Das war für die Berufung auf eine Assistentenstelle eine entscheidende Voraussetzung. Karl Schiller hat auch später sorgfältig darauf geachtet, dass er im NS-Regime gut angeschrieben war, so durch den Eintritt in die NSDAP am 1. Mai 1937 (Mitgliedsnummer 43 663 250) und durch die Mitgliedschaft im NS-Dozentenbund ab 1939 (Mitgliedsnummer 4981). Er war kein fanatischer Parteigänger Hitlers, kein Ideologe des „arischen Volkstums" und ähnlicher Propagandabegriffe. Er war das, was Millionen Deutsche damals waren – ein Mitläufer. Helmut Schmidt hat Karl Schiller mit diesem Begriff belegt, und das zu Recht.[15] Als Bundesminister hat Schiller später indirekt eingeräumt, dass er bei diesen Zugeständnissen an das NS-Regime eben vor allem das materielle Fortkommen im Auge hatte; er versicherte, er sei nur „bis zu einer TOA III-Stelle gestiegen. Damit hatte es sich."[16] Gemeint war die Vergütungsgruppe III der Tarifordnung für Angestellte im Öffentlichen Dienst, nach der Hochschulabsolventen besoldet wurden.

Unter Brinkmanns Fittichen arbeitete der Assistent Schiller intensiv an seiner Dissertation über das Thema „Arbeitsbeschaffung und Finanzordnung in Deutschland". Am 27. April 1935 wurde der Doktorand Schiller von der Ruprecht-Karls-Universität Heidelberg „summa cum laude" zum Doktor rer. pol. der Staatswissenschaften promoviert. Brinkmann nahm seine Dissertation in das Forschungsprogramm seines Instituts auf und ließ sie 1936 in der Heidelberger Reihe „Zum wirtschaftlichen Schicksal Europas, II. Teil, Arbeiten zur deutschen Problematik" veröffentlichen. Die Fachwelt reagierte positiv. Nur eine, allerdings alles andere als unwichtige Instanz beurteilte die Arbeit komplett negativ: Am 22. September 1936 befand die „Reichsstelle zur Förderung des deutschen Schrifttums", die Arbeit sei als „völlig unzulänglich abzulehnen", da der Autor „das spezifisch Nationalsozialistische der deutschen Arbeitsbeschaffung überhaupt nicht erkannt und nicht verstanden hat".

Für Schiller war das zunächst ein Rückschlag, doch seine Befürchtungen, dieses Votum könne seine weitere wissenschaftliche Laufbahn gefährden, erwiesen sich als grundlos. Nach 1945 sollte das Verdikt der Reichsstelle für ihn sogar äußerst wertvoll werden, denn er konnte damit seine These untermauern, die Dissertation sei „ausschließlich wissenschaftlich orientiert" gewesen und habe keinesfalls als theoretische Rechtfertigung und Untermauerung für die Arbeitsbeschaffungspolitik des NS-Regimes dienen können.

Als Karl Schiller im Sommer 1935 Heidelberg verließ, um in das Kieler Institut für Weltwirtschaft (IfW) einzutreten, bescheinigte Professor Carl Brinkmann ihm, er sei „als einer der vielversprechendsten Köpfe unserer an Begabung nicht gerade reichen nationalökonomischen Nachwuchsgeneration bekannt. Er vereinigt in einem heute seltenen Maße theoretische Schulung und Kenntnis auch der ausländischen, namentlich angelsächsischen Theorie mit praktisch-statistischer Erfahrung auf einem so zentralen Gebiet wie dem der öffentlichen Finanzen und der Kapital- und Geldmarktorganisation." Brinkmann stand in Heidelberg nicht allein mit dieser Beurteilung.

Anpassung und Überleben im „Dritten Reich"

Das Institut für Weltwirtschaft (IfW) der Kieler Universität, seit dem 1. September 1935 Karl Schillers neuer Arbeitgeber, war noch immer eine Institution von weltweitem Ruf. Zwar hatten die Nationalsozialisten 1933 den langjährigen Direktor Professor Bernhard Harms, einen international hoch angesehenen Nationalökonomen, sogleich entlassen. Doch den Geist des Hauses, den er geprägt hatte, das „Wesen" des Instituts, hatten sie nicht beseitigen können. Das betraf vor allem die weltoffene Ausrichtung der Forschung. Der Schüler und Nachfolger von Harms, Professor Andreas Predöhl, war zwar dem NS-Regime ergeben, fühlte sich jedoch zugleich dieser Tradition verpflichtet. Sie kam auch in der Zusammenarbeit mit der amerikanischen Rockefeller-Stiftung zum Ausdruck, die nach dem Machtwechsel in Deutschland nicht beendet worden war.
In dieser Forschungsstätte arbeiten zu können, war für jeden jungen Nationalökonomen Auszeichnung und Herausforderung zugleich. Kein anderes wirtschaftswissenschaftliches Institut in Deutschland besaß auch nur annähernd vergleichbare Bestände über die Weltwirtschaft. Das Archiv und die Bibliothek des IfW, die auch nach 1933 ständig international aktualisiert wurden, galten als einmalig. Auch während des Krieges, faktisch bis 1945, erhielt das IfW über das neutrale Ausland die jeweils neueste Fachliteratur – ein Umstand, von dem Schillers Vorlesungen und Seminare nach 1945 in Hamburg noch profitieren sollten.

Das IfW hatte 1935 für ein größeres Forschungsprojekt qualifizierte Mitarbeiter gesucht. Das war Schillers Chance. Er wollte sich in Kiel habilitieren und versuchen, eine Professur zu erhalten. Die Chancen dafür waren angesichts der zahlreichen, vom NS-Regime aus den deutschen Universitäten vertriebenen Wissenschaftler nicht ungünstig. Die Anstellungsvereinbarung sah vor, dass der 24-Jährige für ein Gehalt von „RM 200 netto" als „Forschungsstipendiat der Rockefeller-Stiftung und zugleich als außerplanmäßiger Assistent" in den Dienst des Instituts treten sollte. Er wurde der Arbeitsgruppe „Marktordnung und Außenwirtschaft" zugeteilt. Zunächst empfand man ihn als „etwas zu sehr intellektuell", wie der Institutschef Predöhl einige Jahre später verlauten ließ, doch schon nach einem halben Jahr, im Februar 1936, übertrug er Schiller die Leitung des Teams. Das thematische Spektrum, mit dem sich der neue Kollege aus Heidelberg nun zu befassen hatte, reichte vom „niederländischen Marktregulierungssystem für Weizen und Weizenprodukte" bis zu den „Aufbauproblemen der türkischen Landwirtschaft". Zwar nahmen sich derlei Themenstellungen auf den ersten Blick als einigermaßen hergeholt aus, doch entsprachen sie völlig der weit gefächerten Aufgabenstellung des Instituts und waren, wie sich bald zeigen sollte, auch aus anderen Gründen bedeutsam.

Für Karl Schiller erwiesen sich diese Arbeiten schon bald als exzellentes Fundament, um auf der wissenschaftlichen Karriereleiter voranzukommen. In seinen eigenen Formulierungen: „Sodann fertigte ich einen Gesamtbericht [über die Arbeiten seiner Forschungsgruppe, d.Verf.] an, der die Länderergebnisse dieser Forschungen in einem zwischenstaatlichen Vergleich zusammenfasst und darüber hinaus die grundsätzlichen Wandlungen im Gefüge der Weltagrarwirtschaft herausstellt. Mit dieser Arbeit habilitierte ich mich am 22. Februar 1939." Diese 400 Seiten zum Thema „Marktregulierung und Marktordnung in der Weltagrarwirtschaft" enthielten zwar verbale Zugeständnisse an die NS-Ideologie, etwa im Hinblick auf das „Landvolk als Blutquelle der Nation", doch änderte das nichts an ihrer wissenschaftlichen Substanz.

Am 19. Juni 1939 hielt Karl Schiller in der Kieler Universität eine Probevorlesung über „Die Bedeutung des Neuen Finanzplanes im Rahmen der deutschen Finanzierungspolitik seit

1933". Es war für den 28-Jährigen sicherlich eine Zäsur: sein erster Auftritt als Hochschullehrer. Der Dekan der Rechts- und Staatswissenschaftlichen Fakultät, Professor Friedrich Schaffstein, berichtete dem Erziehungsministerium in Berlin, Schiller habe „die Aufgabe in anerkennenswerter Weise gelöst. Er hat nicht nur die neuen finanzpolitischen Maßnahmen sachlich einwandfrei dargestellt, er hat es auch verstanden, sie in den großen wirtschaftspolitischen Rahmen höchst verständnisvoll

Förderte Schiller nach Kräften:
Professor Andreas Predöhl (1893–1974).

einzuordnen und unter wirtschaftstheoretischen und wirtschaftspolitischen Gesichtspunkten zu erklären."[17] Dem Antrag der Fakultät, Schiller die Dozentur für wirtschaftliche Staatswissenschaften an der Universität Kiel zu verleihen, wurde am 30. August 1939 entsprochen.
Der Dekan hatte mit seinem Votum präzise eine der Qualitäten beschrieben, die Karl Schillers spätere Erfolge als Hochschullehrer erklären, und auch der Politiker Schiller sollte die Fähigkeit, schwierige Probleme „höchst verständnisvoll einzuordnen", noch eindrucksvoll unter Beweis stellen. Ein Foto aus dieser Zeit zeigt einen sehr ernst und konzentriert wirkenden jungen Wissenschaftler, dem man abnimmt, dass für ihn nur überprüfbare Fakten zählen.
Als Karl Schiller Universitätsdozent wurde, stand der deutsche Überfall auf Polen unmittelbar bevor. Hitlers Kriegspolitik hat-

te längst auch die Forschungsarbeit des Kieler Instituts beeinflusst. In einem Schreiben des Direktors Professor Predöhl vom 6. Oktober 1939 an das Ministerium in Berlin heißt es, Schiller sei „zur Zeit [...] mit dringlichen Arbeiten, über die ich mich im einzelnen in diesem Zusammenhang nicht äußern darf, beschäftigt und für die aktuellen Aufgaben des Instituts von der größten Bedeutung". Hinter dieser Formulierung verbarg sich ein Tatbestand, der kurz vor dem Zusammenbruch des „Dritten Reichs" 1945 zur Vernichtung aller einschlägigen Akten des Instituts geführt hat: Seit geraumer Zeit arbeitete das IfW eng mit dem Oberkommando der Wehrmacht (OKW) zusammen, wurde vom Chef des Wehrwirtschafts- und Rüstungsamtes im OKW, General Georg Thomas, massiv unterstützt und war faktisch dessen wehrwirtschaftliche Außenstelle. Forschungsgruppen des IfW, auch die von Schiller, bekamen vom OKW Aufträge für Gutachten und Expertisen, in denen die wirtschaftlichen Potenziale der Verbündeten, der Kriegsgegner und der neutralen Staaten bis ins einzelne analysiert und dargestellt wurden. Dabei ging es vor allem um die kriegswichtigen Rohstoffe. Für Hitlers Kriegführung waren das unverzichtbare Materialien. Besonders intensiv waren ab 1939 die einschlägigen Forschungsarbeiten des IfW über die Sowjetunion. Darüber hinaus belieferte das Institut auch Konzerne, Banken und Wirtschaftsvereinigungen mit detailliert aufbereiteten Informationen und Analysen über das ökonomische Potenzial der besetzten Gebiete.

Für das OKW waren diese Arbeiten so wichtig, dass die damit befassten Wissenschaftler, auch Schiller, vom Wehrdienst freigestellt wurden. In einem undatierten Vermerk aus seiner Personalakte heißt es dazu, Schiller sei „aus zwingenden Gründen der Reichsverteidigung zur Erfüllung kriegswichtiger Aufgaben [...] entgegen seinen persönlichen Wünschen vom Heeresdienst freigestellt" worden. „Irgend welche Nachteile aus dieser Freistellung vom Waffendienst dürfen ihm daher nicht erwachsen." Einerseits war Karl Schiller über diesen Status froh. Er hatte am 7. Mai 1938 Lise-Lotte (Lolo) Ulmer aus Hamburg, die Tochter eines Bildhauers und einer Geigerin, geheiratet, und inzwischen war Töchterchen Barbara geboren. Andererseits plagte ihn wieder einmal die Sorge, in seiner Personalakte könne ihm negativ

Der junge Wissenschaftler vor einer glänzenden akademischen Karriere: Karl Schiller 1938.

vermerkt werden, nicht Soldat gewesen zu sein. Auch war die eigentliche wissenschaftliche Arbeit immer stärker in den Sog der OKW-Aufträge geraten, und seine Karriere als Hochschullehrer kam nicht voran. Nach und nach wurden die Mitarbeiter seiner Forschungsgruppe zum Wehrdienst einberufen, und im Frühjahr 1941 wurde sie aufgelöst. Daraufhin ließ Schiller seinen Chef Predöhl wissen, er habe nichts dagegen, wenn seine Freistellung vom Wehrdienst nunmehr beendet würde. Am 8. Mai 1941 wurde er eingezogen. Seine erste militärische Station war die Nachrichtenersatzabteilung 30 in der Lübecker Waldersee-Kaserne. Der Universitätsdozent Karl Schiller wurde zum Funker ausgebildet. Bis zum Fronteinsatz verging noch über ein Jahr mit Lehrgängen. Erst im Spätsommer 1942 begann für den Gefreiten Schiller im Nordabschnitt der Ostfront der Krieg. Noch hatte sich die Katastrophe Stalingrad nicht ereignet, doch es war offenkundig, dass von einem Sieg über die Rote Armee keine Rede mehr sein konnte. Stattdessen geriet die Wehrmacht an der gesamten Ostfront mehr und mehr in die Defensive. Schiller entkam als Nachrichtensoldat der 290. Infanterie-Division dem Kessel von Demjansk und analysierte, wie die zahlreichen Feldpostbriefe an seine damalige Ehefrau ausweisen, den Kriegsverlauf im Osten sehr nachdenklich. Was er schrieb, war frei von Hass, Rassenwahn und Herrenmenschen-Ideologie. Doch auch an der Front beschäftigte ihn ständig die Frage, wie seine wissenschaftliche Laufbahn sich weiterentwickeln würde, und mit seinem Institutsdirektor Predöhl hielt er regelmäßig Kontakt. Am 20. April 1943, Adolf Hitlers Geburtstag, zum Wachtmeister befördert, schrieb er Predöhl wenige Tage darauf, als seine Einheit zur „Auffrischung" im rückwärtigen Frontgebiet lag: „Ich habe in den 4 ½ Monaten seit meinem Urlaubsende vieles erlebt, und das meiste wird man dereinst erst später erzählen können. Sie haben ja s. Zt. von der Räumung unseres Kessels gehört. Ich persönlich war in der Zeit mit meinem Trupp vom 15. Februar bis 5. März auf der Rückzugsbewegung unterwegs, zumeist per pedes (Gerät und Gepäck auf Panjeschlitten), später motorisiert [...]"[18] Schillers Andeutung über das, was er erst später werde berichten können, bezog sich möglicherweise auf die grausame deutsche Besatzungspolitik hinter der Front. Im Frühjahr 1943 hatten deutsche Einsatzgruppen, vor allem Polizeieinheiten, in Weißrussland bei umfangreichen Operationen zur Bekämpfung von Partisanen viele Tausend Zivilisten ermordet, darunter zahlreiche Frauen und Kinder.

Auch in dem besagten Brief an Predöhl kam Karl Schiller wieder auf seine Chancen für eine Professur zurück: „Ihre Andeutungen über die verschiedenen ‚Listen', auf denen ich figuriere, haben mich sehr gefreut […]" Man müsse aber, so fuhr er fort, die weitere Entwicklung abwarten. Im Juli 1943 wurde er zum Leutnant befördert, im Jahr darauf zum Oberleutnant. Seiner beruflichen Perspektive war das gewiss förderlich.

Im Frühjahr 1944 bot sich die Chance für eine Berufung als außerplanmäßiger Professor an die Universität Rostock. Professor Predöhl beantwortete ein Auskunftsersuchen des NS-Dozentenbundes in München über Schiller am 21. Februar 1944 überaus positiv: Als Forschungsgruppenleiter habe er „das umfangreiche Buch über ‚Marktregulierung und Marktordnung in der Weltagrarwirtschaft' verfasst, das einen sehr beachtlichen Beitrag zu den weltwirtschaftlichen Problemen der Gegenwart liefert und das in der Fachwelt stärkste Resonanz gefunden hat". Seine handelspolitischen Arbeiten hätten „sehr fruchtbar in die geistigen Auseinandersetzungen mit den angelsächsischen Auffassungen zu außenwirtschaftlichen Problemen eingegriffen". Das Fazit: „Wie schon seine handelspolitischen Arbeiten zeigen, hat er wirklich begriffen, worum es bei den großen geistigen Auseinandersetzungen unserer Tage geht." Wenn man überhaupt etwas gegen ihn einwenden wolle, so könne man „vielleicht bemerken, dass er manchmal etwas übereifrig an seine Ausbildung und sein Fortkommen denkt, aber das ist eine ganz gelinde Schwäche, verglichen mit den außerordentlichen Stärken, die Schiller weit über den Durchschnitt unseres Nachwuchses stellen".[19]

Am 16. Juni 1944 konnte Predöhl dem „Herrn Leutnant Prof. Dr. Karl Schiller", Feldpostnummer 32378, an die Ostfront schreiben: „Lieber Herr Schiller, mit großer Freude erhalte ich soeben die amtliche Nachricht, dass der Führer Sie zum beamteten außerordentlichen Professor in Rostock ernannt hat, und zwar schon mit Wirkung vom 1. 5. 1944. Ich sende Ihnen meine herzlichsten Glückwünsche. Was lange dauert, währt gut."

Am 1. Mai 1944 hatte Karl Schiller ein seit Langem erstrebtes Ziel erreicht: Er wurde zum außerordentlichen Professor an der Universität Rostock ernannt.

Schiller unterstand damit auch das Institut für Agrar- und Siedlungswesen. Die Universität Rostock ersuchte ihn, während seines nächsten Fronturlaubs „vorbeizukommen", man werde dann seine Einführung in die Rechts- und Wirtschaftswissenschaftliche Fakultät vornehmen. Die Professur in Rostock sollte Schiller jedoch aufgrund des Kriegsverlaufs nicht mehr antreten. Am 17. Juli 1944 verließ Schillers Einheit sowjetisches Territorium. Der Krieg war längst verloren, und nun bedrohte die Rote

Leutnant Karl Schiller 1943 an der Ostfront.

Armee das Reichsgebiet. In Kurland entkam Schiller abermals mit viel Glück einem sowjetischen Kessel, in dem viele seiner Kameraden fielen. Die Wehrmachtsbürokratie ließ sich indessen von der katastrophalen Kriegslage nicht beirren. Karl Schiller wurde zu einer Lehrtätigkeit an die Heeresnachrichtenschule I in Halle abkommandiert. Nach einer abenteuerlich verlaufenen Rückfahrt von der immer näherrückenden Front trat er diesen Posten Anfang Januar 1945 an. Zwei Wochen später schrieb er dem Kurator der Rostocker Universität einen handschriftlichen Brief, in dem er anfragte, ob „die Zuweisung einer Wohnung für mich möglich ist". Er verwies auf seine Dienststellung als Professor, auf seine im Januar 1944 bei einem Luftangriff völlig zerstörte Wohnung in Kiel, und auf seine familiären Umstände: „Meine Familie (Frau und Tochter) wohnt z. Zt. bei mir in der Kaserne. Hier kann ich sie jedoch nur noch ganz kurze Zeit wohnen lassen, zumal meine Frau ihr zweites

Kind erwartet." Auch müsse er „naturgemäß daran denken", künftig in Rostock seinen „Dienstobliegenheiten nachzukommen; u. a. ist auch geplant, dass ich im Sommersemester von Halle aus einige Vorlesungen in Rostock halte".[20] Zu diesem Zeitpunkt war die sowjetische Winteroffensive gegen die deutsche Ostfront bereits in vollem Gange. Am 30. Januar 1945 stand die Rote Armee an der Oder. Aus der Heeresnachrichtenschule wurde auf dem Papier eine Infanteriedivision, tatsächlich aber eine miserabel ausgerüstete Kampfgruppe, die Anfang April westlich von Halle gegen die drückend überlegenen Amerikaner kämpfen musste und bei deren Jagdbombereinsätzen schwere Verluste erlitt. Der Oberleutnant Karl Schiller, der bis dahin ohne Blessuren durch den Krieg gekommen war, tat in den Wirren des Zusammenbruchs etwas sehr Vernünftiges, wenngleich darin auch ein erhebliches Risiko lag: Er fertigte für sich und seine ebenfalls aus Norddeutschland stammenden Kameraden einen Marschbefehl Richtung Norden aus. Seine „Infanteriedivision" sollte in der Lüneburger Heide gegen Feldmarschall Bernard Montgomerys Elitetruppen kämpfen. Deren rascher Vormarsch und die kampflose Übergabe Hamburgs am Abend des 3. Mai erledigten diesen Befehl. Mit der Kapitulation vor britischen und kanadischen Einheiten in Schleswig war der Krieg für Karl Schiller und seine Kameraden beendet. Bis zur formellen Entlassung im Juni waren sie nun Kriegsgefangene.

Schiller hatte abermals Glück: Die britischen Besatzungsoffiziere ersahen aus seinem Soldbuch, dass er Fernmeldespezialist war, und schickten ihn mit einem Fahrer, der zugleich sein Bewacher war, durch Schleswig-Holstein, um Telefonleitungen zu reparieren. Er nutzte dieses Nachspiel sogleich, um sich mit dem Institut in Kiel in Verbindung zu setzen, denn im nun sowjetisch besetzten Rostock, das war ihm klar, lag seine Zukunft nicht. Wo aber lag sie dann?

Wichtiger als diese Frage war zunächst seine persönliche Bilanz in dieser deutschen „Stunde Null": Er hatte überlebt, ohne Verwundung, und seine Familie auch. Dem nun zusammengebrochenen Regime hatte er Zugeständnisse gemacht, das war nicht zu bestreiten. Doch ausgeliefert hatte er sich der NS-Ideologie nicht. Als er 1941 in der Lübecker Waldersee-Kaserne die

Wehrmachtsuniform angezogen hatte, war er Dozent. Als er sie ablegte, war er Professor, wenngleich ohne Lehrstuhl. Gewiss, die Lebensumstände waren so bedrückend wie die Ungewissheiten. Auf der Potsdamer Konferenz vom 17. Juli bis zum 2. August 1945 legten die Siegermächte fest, Deutschland solle als ökonomische Einheit behandelt, und seine Wirtschaft solle unter alliierte Kontrolle gestellt werden. Die praktischen Konsequenzen dieser Beschlüsse waren offen. Die Deutschen mussten mit schweren Belastungen rechnen. Aber „Finis Germaniae" – diese Vorstellung hatte keinen Raum im Denken des Ökonomen Karl Schiller. Er hatte gelernt, wirtschaftliche Probleme in weltweiten Zusammenhängen zu analysieren. Und es war seine feste Überzeugung, dass die Eigengesetzlichkeiten der Wirtschaft letztlich stärker sein würden als politische Konzepte, die ohne Rücksicht auf die ökonomischen Realitäten entwickelt wurden. Das gab ihm Mut zur Zukunft.

Wege aus dem Elend der Nachkriegszeit

Nach Krieg und Niederlage in einem besetzten Land zu leben und völlig vom Willen der Sieger abhängig zu sein – für die Deutschen war das im Sommer 1945 eine elementare Erfahrung. Nun ging es darum, „durchzukommen", von Tag zu Tag. Karl Schiller brachte für diesen Existenzkampf Eigenschaften mit, die sich als besonders hilfreich erweisen sollten: neben überragenden intellektuellen Fähigkeiten vor allem Zähigkeit, dazu die Sparsamkeit und Genügsamkeit, die ihn seine Jugendjahre gelehrt hatten. Hinzu kam aber ein Optimismus, der in den ersten Nachkriegsmonaten eine absolute Ausnahme war und in den realen Lebensumständen auch kaum eine Stütze fand. Er beschloss, seine Beziehungen zum Institut für Weltwirtschaft in Kiel zu nutzen. Zwar hatte die britische Besatzungsmacht den bisherigen Institutschef Andreas Predöhl abgesetzt, doch auch der Nachfolger Friedrich Hoffmann kam aus dem IfW, und Schiller kannte ihn gut. Da das Oberkommando der Wehrmacht als Auftraggeber ausgefallen war, hing das Überleben des Instituts davon ab, dass diese Lücke so weit wie irgend möglich geschlossen werden konnte. Der Standort Kiel war dafür wenig geeignet. Das konnte nur von Hamburg aus gelingen, denn dort residierte die auch für Schleswig-Holstein zuständige Militärregierung, und überdies war die Hansestadt Sitz zahlreicher Institutionen, die für das IfW wichtig werden konnten. Auch hatte man in Kiel keine Stelle frei. So wurde

Hamburgs Hafen am 5. Juni 1945:
Die völlig zerstörten Werftanlagen auf Steinwerder
boten einen trostlosen Anblick.
Links oben im Bild die Hauptkirche St. Michaelis,
rechts oben die Turmruine von St. Nikolai.

Schiller am 19. Juli 1945 als Leiter der Zeitschrift „Weltwirtschaftliches Archiv" mit Sitz in Hamburg eingestellt (ein Umzug des Instituts von Kiel nach Hamburg stand allerdings nie zur Debatte). Seine Aufgabe war es, ein Erscheinen der Zeitschrift wieder zu ermöglichen (das gelang erst 1949) und zugleich in der Stadt Kontakte zu etwaigen Auftraggebern zu knüpfen. Jedoch konnte das für ihn nur eine Zwischenlösung sein, denn eine Rückkehr zur wissenschaftlichen Arbeit, um die es ihm vor allem ging, war aus dieser Tätigkeit nicht zu erwarten. Also meldete er sich Anfang September 1945 bei seiner alten Fakultät in Kiel. Deren Dekan Professor Hermann von Mangoldt schrieb dem Rektor Professor Hans Gerhard Creutzfeldt am 15. September 1945, es hätten sich bei der Fakultät zwei „Flüchtlinge aus dem Osten" gemeldet – der Berliner Ordinarius Professor Hermann Bente, ein Soziologe, und der „Rostocker planmässige a. o. Professor Karl Schiller, jetzt Hamburg 13, Bornpl. 2". Der Dekan beantragte, beiden Professoren unbesoldete Lehraufträge zu erteilen. Schiller sollte als „wertvolle Ergänzung des wirtschaftswissenschaftlichen Studienplanes" das Fach Wirtschaftsgeschichte übernehmen. Der Rektor stimmte zu.

Ein knappes halbes Jahr nach dem Zusammenbruch des NS-Regimes hatte Karl Schiller damit zweierlei erreicht: Er bezog nun ein regelmäßiges Gehalt als Angestellter des Kieler Instituts mit Dienstsitz in Hamburg, und er hatte wieder Fuß gefasst als Hochschullehrer. Beides war für ihn umso wichtiger, als seine Familie sich inzwischen vergrößert hatte. Er informierte das Institut, dass „am 12. 7. 1945 ein Zwillingsmädelpaar bei uns angekommen ist. Das eine Kind war leider recht schwach und ist am 1. 8. verstorben. Das andere, Bettina mit Namen, macht sich recht gut, sodass wir hoffen, es durchzubringen."

Es entsprach völlig Schillers Hang zur methodischen Arbeit, dass er sich sehr bald Gedanken über die Zukunft des Kieler Instituts machte, denn für neue Aufträge war dessen künftige Perspektive eine wesentliche Voraussetzung. Das Ergebnis dieser Überlegungen war am 7. Januar 1946 ein Memorandum mit dem Titel „Vorschlag zum Wiederaufbau des Instituts für Weltwirtschaft an der Universität Kiel".[21] Darin entwickelte er für das IfW ein grandioses Konzept. Er erinnerte an den weltweiten

Ruf des Instituts und leitete daraus die Überlegung ab, für das verwüstete Europa könne das IfW zum „Mekka der Nationalökonomie" werden, also zur wirtschaftswissenschaftlichen „Denkfabrik" für den Wiederaufbau des Kontinents. Die Quellenlage sagt leider nichts darüber aus, wie die Leitung des IfW Schillers Papier aufnahm. Aber über ein anderes Schreiben, das wenig später eintraf, kann sie nur hoch erfreut gewesen sein: Die Handelskammer Hamburg beauftragte das Institut mit einer detaillierten Untersuchung über „Aufgaben und Möglichkeiten der deutschen Außenwirtschaft".

Im Herbst 1945 hatte man in der Handelskammer die Chancen für den deutschen Außenhandel äußerst pessimistisch beurteilt. In einem internen Papier hieß es dazu: „Die Tatsachen lassen niemanden darüber im Zweifel, dass ein deutscher Außenhandel alten Stils auf Jahre hinaus eine Unmöglichkeit ist [...] Niemand wird behaupten können, dass in fünf bis zehn Jahren dieser Zustand überwunden sein wird [...]".[22] Diese Einschätzung beruhte darauf, dass angesichts der katastrophalen Verhältnisse im Inland selbst die elementarsten binnenwirtschaftlichen Voraussetzungen für erfolgreiche Außenhandelsaktivitäten fehlten. Überdies hatte Colonel Phelps von der britischen Militärregierung Anfang Januar 1946 unmissverständlich klargestellt, dass an eine Wiederaufnahme des deutschen Außenhandels vorerst nicht zu denken sei; die im Außenhandel stellungslos werdenden Angestellten müsse man in anderen Berufen unterbringen. Der damalige Leiter der Abteilung Außenwirtschaft in der Kammer, Rudolph Stephan, meinte später in einem Rückblick, das Bemühen um den Außenhandel in den Jahren 1945/46 sei der Versuch gewesen, „mit verbundenen Augen in einem dunklen Zimmer eine schwarze Katze zu fangen, die nicht einmal drin war". Bürgermeister Rudolf Petersen, der selbst Außenhändler war, hatte jedoch ebenso wie die Kammer und die Exporteure nicht die Absicht, sich mit diesem Zustand abzufinden, und so erging der Auftrag an das Kieler Institut.

Die Experten des IfW kamen in ihrem Gutachten zu dem Ergebnis, es müssten vor allem drei Grundvoraussetzungen geschafen werden, um wieder einen deutschen Außenhandel in Gang zu bringen: ein umfangreicher Rohstoffkredit für die Anlaufphase, Betätigungsmöglichkeiten für die deutschen Firmen auf dem Weltmarkt und eine Klärung der deutschen Währungs- und Preispolitik. Der alliierte Industrieplan vom 28. März 1946 sei jedenfalls keine Grundlage für eine lebensfähige deutsche Wirtschaft.

Im Sommer 1946 gab es erste Anzeichen dafür, dass in London einflussreiche Politiker der regierenden Labour Party, aber auch der Konservativen, über den Kurs der britischen Deutschland-Politik diskutierten. Es keimte die Einsicht, es könne nicht im wohlverstandenen Eigeninteresse liegen, wenn die britische Besatzungszone dauerhaft im Zustand eines wirtschaftlichen Elendsgebietes belassen werde. Maßgebend für diese Erkenntnis war die Überlegung, dass es einen unabweisbaren Importbedarf vor allem an Lebensmitteln gab, der zur Vermeidung von Unruhen, Seuchen und anderen elementaren Problemen unter allen Umständen gedeckt werden musste, und zwar durch die Militärregierung. Vor allem Feldmarschall Montgomery, der Oberbefehlshaber der britischen Besatzungstruppen, meldete sich immer wieder warnend zu Wort. Derartigen Importen standen jedoch keine ausreichenden Erlöse für deutsche Exporte gegenüber. Die Differenz belastete wohl oder übel den britischen Haushalt und damit die Steuerzahler. Das Ergebnis waren, wie es bereits sarkastisch in britischen Regierungskreisen hieß, „unsere Reparationen an die Deutschen". In der amtlichen Politik fand das jedoch vorerst keinen Niederschlag.

Am 28. Juni 1946 forderte die Militärregierung den Hamburger Senat in einem Brief an Bürgermeister Rudolf Petersen auf, Vorschläge für die künftige Entwicklung der Hamburger Wirtschaft zu unterbreiten – und zwar auf der Grundlage der Verbote, Einschränkungen und Direktiven, auf die sich die Siegermächte in Potsdam geeinigt hatten. Diese Vorschläge müssten erkennen lassen, ob in Hamburg die Ernährung und Beschäftigung von 1,3 Millionen Einwohnern gewährleistet werden könne. Falls dies nicht möglich sei, müsse der Senat darlegen, wie „die überzählige Bevölkerung veranlasst werden kann, die Hansestadt zu verlassen". Jedoch könne der Senat über diese Themenstellung hinaus auch eigene, konstruktive Ideen einbringen. Im Grunde genommen war dies der Auftrag, ein Notprogramm vorzulegen. Für Karl Schiller wurde dieses Schreiben der

Militärregierung zur ersten großen Chance seiner Nachkriegskarriere, und er hat sie souverän und eindrucksvoll genutzt. Im Senat bestand rasch Einigkeit darüber, dass ein solcher Plan nicht von einem Experten allein ausgearbeitet werden könne, sondern nur von einer Kommission, in der die Behörden, die Kammern, die Gewerkschaften und die großen Staatsunternehmen vertreten waren. Nun ging es darum, einen Leiter des Gremiums und einen verantwortlichen Redakteur für den

Ein Politiker mit Zivilcourage: der Sozialdemokrat
Erich Klabunde (1907–1950), von 1946 bis 1949
Vorsitzender der SPD-Fraktion in der Hamburger Bürgerschaft,
Foto von 1949.

Abschlussbericht auszuwählen. Es musste eine Persönlichkeit gefunden werden, die diesen Auftrag zeitlich übernehmen konnte, die belastbar war, den erforderlichen Sachverstand und zugleich genug Autorität besaß, um Interessenkonflikte zu schlichten und widerstreitende Positionen zusammenzuführen. Der SPD-Fraktionsvorsitzende Erich Klabunde hatte einen Vorschlag: Karl Schiller. Beide hatten sich in einem der vielen Diskussionszirkel kennengelernt, in denen damals über die Zukunft und ihre Ungewissheiten diskutiert wurde, und sie hatten sich angefreundet. Klabunde war ein Politiker, der sich nicht scheute, auch der Besatzungsmacht sehr unbequeme Wahrheiten zu vermitteln. Er hatte das in der Bürgerschaft mehrfach und eindrucksvoll bewiesen[23]. Bereits im März 1946 hatte er im Landesparlament nachdrücklich eine Expertenkommission gefordert, die Hamburgs wirtschaftliche Perspektiven untersuchen sollte. Nun präsentierte er seinen Kandidaten Karl Schiller. Von dessen politischer Unbedenklichkeit hatte er sich schon vorher überzeugt. Er hatte Schiller im Frühjahr ersucht, er möge ihm seine Veröffentlichungen aus der NS-Zeit schicken. Schiller kam diesem Wunsch unverzüglich nach und konnte nun mit Genugtuung auf das Votum der „Reichsstelle zur Förderung des deutschen Schrifttums" aus dem Jahr 1936 verweisen, die seine Dissertation aus ideologischen Gründen als „völlig unzulänglich" bezeichnet hatte.

Erich Klabunde war damals dank seiner exzellenten Beziehungen, auch zur Besatzungsmacht, der Mittelpunkt eines Netzwerks und besaß einen enormen Einfluss. Er förderte Talente, und Karl Schiller war in seinen Augen ein Mann mit Zukunft. Dabei hat gewiss auch eine Rolle gespielt, dass Schiller 1946 SPD-Mitglied geworden war. Einmal wöchentlich musste er in Kiel seinem Lehrauftrag genügen, und bei einem dieser Aufenthalte hatte er seinen Studienfreund Walter Lehmkuhl getroffen, der ebenfalls Stipendiat der Studienstiftung gewesen war. Beide hatten 1932 auch Veranstaltungen des Sozialistischen Studentenbundes besucht. Lehmkuhl erzählte Schiller von der Neugründung der SPD in Kiel und fragte ihn, ob er sich dort ebenfalls engagieren wolle. Schiller hat später den Eintritt in die SPD mit seiner Bewunderung für Kurt Schumacher erklärt. Auch haben er und Lehmkuhl, der spätere Oberbürgermeister von Neumünster, sicherlich über den freiheitlichen Sozialismus von Nationalökonomen wie Adolph Löwe und Emil Lederer diskutiert, deren Vorlesungen sie damals gehört hatten. Ein Gefühl der Zugehörigkeit zur Arbeiterbewegung jedenfalls gab gewiss nicht den Ausschlag für Schillers Entschluss, SPD-Mitglied zu werden – wenn es einen prominenten Sozialdemokraten gab, der Zeit seines Lebens jeglichen „Stallgeruch" vermissen ließ, dann war es Karl Schiller. Vielmehr war es wohl das Gefühl, sich nach dem Zusammenbruch überhaupt politisch engagieren zu müssen.

Vor allem durch Erich Klabunde, aber auch im Rahmen seiner Tätigkeit für die Hamburger Außenstelle des Kieler Instituts hatte Karl Schiller auch andere einflussreiche Sozialdemokraten kennengelernt, Gustav Dahrendorf zum Beispiel. Aber noch

DENKSCHRIFT
ZUR
KÜNFTIGEN WIRTSCHAFTLICHEN ENTWICKLUNG HAMBURGS

Im Auftrage des Senats der Hansestadt Hamburg
erstattet von der Gutachter-Kommission
Prof. Dr. Schiller

Als Manuskript gedruckt · Broschek & Co., Hamburg

Mit der „Denkschrift zur künftigen wirtschaftlichen Entwicklung Hamburgs" begann 1947 Karl Schillers Nachkriegskarriere.

war die Hamburger SPD nicht die machtbewusste Senatspartei der späteren Jahrzehnte. Senat und Bürgerschaft waren im Sommer 1946 noch nicht aus einer freien Wahl hervorgegangen, sondern von der Besatzungsmacht ernannt. Die demokratische Legitimation ergab sich erst aus der Wahl vom 13. Oktober 1946. Schillers Berufung an die Spitze der vom Senat eingesetzten Gutachter-Kommission im Sommer 1946 beruhte mit Sicherheit nicht auf seiner SPD-Mitgliedschaft. Das ging auch aus einer Bemerkung des damaligen Zweiten Bürgermeisters Adolph Schönfelder (SPD) hervor, an die Schiller sich zwei Jahrzehnte später als Bundesminister für Wirtschaft im Gespräch mit dem Autor vergnüglich erinnerte. Schönfelder, der als ehemaliger Zimmermann ein Urgestein der Partei war und gern plattdeutsch sprach, habe ihm damals gesagt: „De Petersen, de weet gornich, dat du n' Sozi büst." So ging es im Sommer 1946 im Hamburger Rathaus zu.

Karl Schiller prägte die Arbeit der Kommission vom ersten Tage an. Er war entschlossen, möglichst positive Perspektiven aufzuzeigen und dem Gutachten einen konstruktiven Grundtenor zu geben, wenn dies nur irgend vertretbar war. Das schloss von vornherein Pläne für Evakuierungen aus. Dafür gab es im Übrigen ein stichhaltiges Argument, das auch die Militärregierung nicht widerlegen konnte: Im Dezember 1945 hatte die Besatzungsmacht die von ihr befohlene „Aktion Doppeleiche", die Umsiedlung von 56 000 in Hamburg untergekommenen Flüchtlingen nach Schleswig-Holstein, abbrechen müssen, weil sie sich als nicht durchführbar erwiesen hatte. Schiller war hingegen der Ansicht, man müsse die Rückkehr der vielen Tausend „Butenhamburger" (plattdeutsch für „Außen-Hamburger"), die nach den Bombenangriffen 1943 aus der Stadt geflüchtet waren, in die Planungen einbeziehen.

Jedoch vermochte auch Schillers Elan nichts daran zu ändern, dass die Arbeit der Kommission am 4. Juli 1946 recht mühselig begann. Das hatte sachliche und emotionale Gründe. Das erste große Problem waren die erforderlichen Daten. Zwar hatte der Senat den Kommissionsvorsitzenden Schiller mit einem umfassenden Auskunftsrecht gegenüber den Behörden ausgestattet, doch half das zunächst wenig. Dazu Karl Schiller: „Als der Auftrag zu dem Memorandum erteilt wurde, fehlte jegliches einschlägige Material. Es musste erst mühsam, teilweise durch besondere Erhebungen, beigebracht und aufbereitet werden."[24] Jedoch konnte damit nur ein Teil der tatsächlichen Wirtschaftstätigkeit erfasst werden, denn: „Wir leben heute in einem doppelseitigen Wirtschaftssystem. In ihm steht auf der einen Seite die offizielle, regulierte, statistisch erfasste Rationierungswirtschaft, und auf der anderen breitet sich jenes vage Gebiet der dunklen, nebelhaften Tausch-, Beziehungs- und Schwarzmarktwirtschaft aus."[25] Hinzu kam die Unsicherheit über die politische Entwicklung. Über der deutschen Wirtschaft liege, schrieb er, „ein schwer durchschaubarer Nebel, der nur [...] streckenweise erhellt ist".[26] Das betraf vor allem die Demontagepolitik der Alliierten: „Eine der wichtigsten Vorbedingungen ist die, dass die Demontagemaßnahmen geklärt und abgeschlossen werden."[27] Es gab dafür einen ersten Hoffnungsschimmer: Am 6. September 1946 kündigte der amerikanische Außenminister James F. Byrnes in einer aufsehenerregenden Rede in Stuttgart einen grundlegenden Wandel der amerikanischen Deutschland-Politik mit der Perspektive zur Zusammenarbeit an. Es lag auf der Hand, dass dies auf die Haltung der Regierung in London nicht ohne Einfluss bleiben konnte. Anfang Dezember 1946 wurden die beiden Besatzungszonen zur „Bizone" vereinigt.

Noch schwerer als die politischen Unwägbarkeiten fielen freilich die psychologischen Hemmnisse bei der Arbeit der Kommission ins Gewicht. Schiller stand mit seinem Elan, seiner optimistischen Grundauffassung, seiner Warnung vor Kleinmut und Lethargie immer wieder allein und musste sich gegen Stimmungen in der Kommission durchsetzen, die angesichts der niederdrückenden Lebensumstände in dem Gutachten keinen rechten Sinn sahen. Er ließ sich davon jedoch nicht beeinflussen und trieb das Projekt methodisch voran. Schon am 27. Juli 1946, also nach gut drei Wochen, lag ein „Vorläufiger Vorschlag zur wirtschaftlichen Entwicklung Hamburgs" auf dem Tisch, der als Grundlage für die weitere Arbeit dienen sollte.

Das Datenmaterial zeigte die Schläge, die der Zweite Weltkrieg der hamburgischen Wirtschaft versetzt hatte. Die einsatzfähige Seeschiffstonnage lag im Vergleich gerade noch bei 3,3 Prozent des Bestandes von 1938, die Schiffbauproduktion bei 13 Prozent, die Zahl der Einzelhandelsbetriebe bei 22,3 Prozent des Vorkriegsstandes. Verblüffend war demgegenüber, dass der industrielle Produktionsapparat der Stadt immerhin noch 75 Prozent des Bestandes von 1938 ausmachte. Die tatsächliche Produktion erreichte jedoch nur 33 Prozent des Vorkriegsstandes. Diese Zahlen zeigen, dass die alliierten Bombenangriffe auf die Hansestadt zwar den Wohnungsbestand halbiert hatten, nicht aber das Industriepotenzial, das sehr viel weniger in Mitleidenschaft gezogen worden war – eine Tatsache, die 1945/46 britische Luftkriegsexperten bei der Analyse der „area bombing directive" zu sehr nachdenklichen Betrachtungen veranlasste.

Auf der Grundlage einer eingehenden Bestandsaufnahme entwickelte Schillers Kommission einen Drei-Stufen-Plan für den Wiederaufbau der Hamburger Wirtschaft, der ganz eindeutig seine Handschrift trug. Die erste Stufe war ein Not- beziehungsweise Sofortprogramm, bei dem die vorhandenen Kapazitäten ohne Änderung ihrer Strukturen eingesetzt werden sollten, und zwar angesichts der „katastrophalen Unterversorgung" vor allem in der Nahrungsmittelindustrie, im Wohnungsbau und im öffentlichen Verkehrssystem. Für die Bauwirtschaft bedeutete das vor allem „Instandsetzungen, die im Wesentlichen durch Wiederherstellung ausgebrannter Häuser neuen Wohnraum schaffen [sollten]. Hierauf hat sich die Bautätigkeit schleunigst zu konzentrieren. Auch die Enttrümmerung hat dahinter zurückzutreten [...]"[28]

Die zweite Stufe, eine Übergangsphase, bestand in einer „Durchhaltepolitik" und erforderte eine „wachsame Strukturplanung [...], die alle Wirtschaftszweige genau daraufhin kontrolliert, wann sich bei jedem einzelnen der Moment herausstellt, wo die Bestimmungsfaktoren so gewiss geworden sind, dass man mit endgültigen Maßnahmen beginnen kann, wo also mit der dritten Phase angefangen werden kann".[29] Diese Übergangszeit sei „in allen Branchen der gegebene Zeitpunkt, um die Wirtschaft auch von der technischen Seite für die Periode des allgemeinen Aufbaus reif zu machen". Einige Industrien würden dabei, und zwar auch durch staatliche Finanzhilfen, mit „durchgeschleppt" werden müssen, und dafür benötige man ein „finanzielles Lastenausgleichssystem zwischen ausgenutzten und nicht ausgenutzten Branchen".

Die dritte Stufe schließlich sah den strukturellen Umbau mit dem Ziel neuer Produktionen vor. Das Gutachten unterschied zwischen Industriezweigen, bei denen erstens die derzeitigen Kapazitäten bestehen bleiben sollten, bei denen zweitens Umstellungen erforderlich seien, wohingegen bei einer dritten Kategorie die Kapazitäten des Vorkriegsstandes angestrebt werden sollten. Eine vierte Kategorie betraf Industrien, deren Kapazitäten im Vergleich zum Vorkriegsstand erweitert werden sollten.

Schiller war sich darüber im Klaren, dass alle Vorschläge von der politischen Entwicklung abhingen. Das Demontageproblem musste geklärt werden, und die deutsche Wirtschaft bedurfte eines umfangreichen Rohstoffkredits. Das Schlusswort fasste all dies noch einmal zusammen: „Dieser Plan ist nicht lückenlos. Im Gegenteil, immer wieder wird deutlich, dass diese Planung sich ihrer Grenzen bewusst ist. Sie kann nur die Profile der künftigen hamburgischen Wirtschaft vorzeichnen, ohne den Inhalt bis ins einzelne zu bestimmen. Und sie kann auch nur die Grundlinien so weit skizzieren, wie jetzt schon fassbar. Alles andere muss der Praxis überlassen werden. Mit aller Deutlichkeit wird hier das geplant, was sofort getan werden muss, um der Lage abzuhelfen. Der Plan fußt in seinen Zukunftsberechnungen auf der Annahme, dass man weiß, wohin die Reise im Großen geht. Und er zeigt, dass ein erheblicher Preis in Gestalt von gesteigerter Arbeitsleistung, Umstellungsfähigkeit, zugestandener Wirtschaftsfreiheit und vor allem Rohstoffgewährung und ausländischer Vorschussleistung gezahlt werden muss. Das alles ist notwendig, um das Reiseziel im Kleinen zu erreichen: eine vernünftige Beschäftigung der hamburgischen Bevölkerung im Rahmen der veränderten Volks- und Weltwirtschaft."[30]

Wie katastrophal die Lage der hamburgischen Wirtschaft damals war, illustrieren zwei Beispiele aus dem Außenhandel. Am 21. April 1947 hatte die Continentale Produkten-Gesellschaft mbH die Handelskammer wissen lassen, sie sei aufgrund von Aufträgen oder Anfragen aus dem Ausland an deutsche Zulieferer herangetreten und habe folgende Antworten erhalten, die kennzeichnend für die allgemeine Lage seien: „Die Fabrikationslage wird immer schwieriger. Seit Oktober 1946 habe ich trotz Eisenschein kein Material mehr erhalten. Ebenso sieht es sehr schlecht mit Kohle und Koks aus. Es ist zwecklos, dass ich Ihnen ein Angebot unterbreite, denn ich kann doch nicht liefern." Ein weiterer Produzent habe mitgeteilt: „Ich [...] habe keine Kohlen, um arbeiten zu können [...] Es werden Kompensationen verlangt, die ich nicht bieten kann [...] Bei der heutigen Ernährungslage sind die Arbeiter dauernd unterwegs zum Hamstern. So wie die Lage augenblicklich ist, habe ich für Exportaufträge kein Interesse."[31]

Das Gutachten war angesichts der damaligen Rahmenbedingungen eine exzellente Leistung, und es verriet Courage, wie die Kritik an der britischen Demontagepolitik zeigte. Karl Schiller legte den bald nach ihm benannten Plan am 3. April 1947 vor – exakt einen Monat nach dem Ende einer Kälte- und Versorgungskatastrophe, die der Senat nur mit äußerster Mühe hatte meistern können.

Zwei Tage später überreichte der Hamburger Schulsenator Heinrich Landahl, dem auch die Hochschulen unterstanden, Karl Schiller eine Urkunde, die er als Lohn für die Mühen seiner Arbeit werten konnte – die von Bürgermeister Max Brauer unterzeichnete Ernennung zum Ordentlichen Professor für Volkswirtschaftslehre an der Universität Hamburg. Schiller wurde damit in das Beamtenverhältnis auf Lebenszeit berufen. In dem Ernennungsvorschlag, den die Militärregierung bestätigt hatte, waren seine Mitgliedschaften in den NS-Organisationen penibel verzeichnet. Daraus ging hervor, dass er jeder Gliederung angehört hatte, die für ihn überhaupt infrage kam, aber jeweils ohne Funktion. Die Engländer störte das nicht, Max Brauer und den Senat auch nicht. Den Lehrstuhl hatte er vertretungsweise schon seit dem 1. November 1946 übernommen. Die Universität hatte ihn vorgeschlagen, und Senator Landahl hatte dem zugestimmt, denn „er hat sich durchaus bewährt". Schiller wurde zugleich Direktor des Instituts für Außenhandel und Überseewirtschaft. Er hatte ein Lebensziel erreicht.

Mit dem unter seiner Leitung erarbeiteten Gutachten machte Karl Schiller sich einen Namen, und zwar weit über Hamburg hinaus. Er hatte mit dieser Expertise einen Weg aus der Not gewiesen. Das erregte Aufsehen im „Elendsjahr" 1947. Nur in den Gewerkschaften der Hansestadt und in der SPD-Bürgerschaftsfraktion rührte sich Unmut. Die SPD betrachtete die Verstaatlichung der Schlüsselindustrien damals als das wichtigste Instrument, um den „Sozialismus als Tagesaufgabe" voranzubringen. Schillers Kommissionspapier hingegen ließ eine klare Aussage zugunsten dieser Verstaatlichungspolitik vermissen. Irritiert bis empört las man in der Partei, die sich nach der Bürgerschaftswahl vom 13. Oktober 1946 auf einen eindeutigen Regierungsauftrag berufen konnte, in der Denkschrift Schillers Aussagen, die in jeder Richtung interpretationsfähig waren: Die Entwicklung könne „in gewissen Zweigen eine Änderung der Eigentumsverhältnisse erfordern. Es ist anzunehmen, dass das Durchhalten von Kapazitäten, an denen ein öffentliches Interesse besteht, oft nur möglich ist, wenn sie in gemeinwirtschaftliches Eigentum übergeführt werden oder wenn die Wirtschaftsverfassung als solche umgestaltet wird."[32] Das war nicht das Bekenntnis zur dominierenden Rolle des Staates im Wirtschaftsgeschehen, das man damals in der Fraktion, in der Partei und in den Gewerkschaften erwartet und erhofft hatte. Hinzu kam noch, dass die Expertise in einem anderen Passus den Wert ökonomischer Planung, jedenfalls unter den damaligen Verhältnissen, grundsätzlich infrage stellte: „Für jeden Planungsversuch besteht noch die Gefahr, dass man sich damit in Ungewissheiten und Unwägbarkeiten verliert. Am Ende werden dann auf bloßen Vermutungen mehr oder weniger willkürliche Konstruktionen errichtet. Ein solcher Weg führt ins Uferlose."[33] Der Unmut in der SPD-Fraktion nahm zeitweise ein Ausmaß an, das Schiller mehrfach veranlasste, seinen Freund Erich Klabunde um Beistand zu bitten. Der Fraktionschef glättete die Wogen. Es war der erste jener Grundsatzkonflikte, die das Verhältnis Karl Schillers zur SPD noch schwer belasten sollten – bis hin zur Trennung 1972. Damals aber, im April 1947, nach getaner Kommissionsarbeit und als bestallter Ordinarius, wirkte er befreit und erleichtert. Er brillierte in Diskussionszirkeln. Einer der prominenten Teilnehmer solcher Zusammenkünfte, der Schriftsteller und Spiritus Rector der „Gruppe 47", Hans Werner Richter, hat beschrieben, welchen Eindruck der 36-jährige Karl Schiller damals hinterließ. Man hatte sich im holsteinischen Schloss Tremsbüttel getroffen, um über Deutschlands

Wiederaufbau zu diskutieren. Nach einem Mittagessen, dessen wesentliches Merkmal seine Kalorienarmut war, versammelten sich am Kamin der Frankfurter Rechtsprofessor Walter Hallstein, der bald Konrad Adenauers wichtigster Mitarbeiter werden sollte, die streitbare Liberale Hildegard Hamm-Brücher, der vormalige Hamburger Bausenator und Verleger Gerd Bucerius, damals CDU, und weitere Teilnehmer mit prominentem Namen. Karl Schiller stieß dazu. Richter: „Schiller, sagte der junge Mann und verbeugte sich, und ich verbeugte mich auch, und ich dachte, wie kommt dieser junge Mann hierher, er ist für diese Konferenz doch viel zu jugendlich. Was soll dieses ewige Lächeln, diese verhaltene Ironie, diese Neigung zum Witz in dieser so ernsten Situation?"[34] So begann Karl Schiller seine Karriere.

Rückkehr auf die Märkte der Welt

Ein unruhiger Geist war Karl Schiller immer. Sein ganzer Lebensweg ist ein Beleg dafür, nicht nur seine vier Ehen. Sich dauerhaft in einer Lebenssituation einzurichten, lag nicht in seinem Naturell. Dabei hätte er 1947, nur zwei Jahre nach dem Zusammenbruch, Grund genug gehabt, für sich eine positive Bilanz zu ziehen. Er war mit 36 Jahren Ordinarius und Beamter auf Lebenszeit. Er hatte einen Namen, der weit über Hamburg hinaus mit Respekt genannt wurde. Überdies hatte die Leitung der Gutachter-Kommission ihm zu exzellenten Beziehungen verholfen. Als Hochschullehrer war er beliebt. Die Studenten in seinen Lehrveranstaltungen – unter ihnen Helmut Schmidt – waren die Heimkehrer-Generation. Ein Professor imponierte diesen desillusionierten Männern nicht allein deshalb, weil er einen Titel trug. Karl Schiller aber wurde von ihnen akzeptiert. Sie spürten sein intellektuelles Format, sie waren beeindruckt von der Anschaulichkeit und Praxisnähe seiner Vorlesungen, und sie waren sehr angetan davon, dass er ihnen im Gegensatz zu den meisten seiner Fachkollegen auch den Forschungsstand der Nationalökonomie im Ausland vermitteln konnte. Seit dem Herbst 1945 hatte er seinen Kieler Lehrauftrag regelmäßig auch dazu genutzt, um sich mit den aktuellen Veröffentlichungen seines Faches vertraut zu machen.
Karl Schiller hätte also zufrieden sein können mit sich und dem Gang der Dinge. Er war es aber nicht. Er klagte darüber, dass er

wegen der Lehr- und Prüfungsverpflichtungen zu wenig zur wissenschaftlichen Arbeit komme; ihn störte die mangelhafte Ausstattung seines Instituts; und er stöhnte unter dem Kleinkrieg mit der Rationierungs- und Zuteilungsbürokratie bei simplen Anforderungen des täglichen Bedarfs. Darin kam seine Neigung zum Ausdruck, sich in einer Situation, die er selbst mit Beharrlichkeit erstrebt hatte, nicht mehr wohlzufühlen und sich zu langweilen, sobald sie erreicht war. Sein ganzes Naturell, seine sprühende Intellektualität, war immer wieder auf der Suche nach neuen Erfahrungen. Zugleich trieb ihn jedoch ständig die Besorgnis vor den materiellen Folgen um, wenn sich neue Wege auftaten – ein lebenslanges Relikt der Entbehrungen seiner Jugend. Immer wieder geriet er in einen Konflikt zwischen diesen mahnenden Erinnerungen und seiner Eitelkeit, die sich geschmeichelt fühlte, wenn sein Name im Zusammenhang mit neuen Aufgaben genannt wurde. Diese widerstreitenden Empfindungen erklären sein immer wieder zu beobachtendes Zögern, wenn er für sich selbst grundlegende Entscheidungen zu treffen hatte.

Anfang Oktober 1948 erklärte der sozialdemokratische Wirtschaftssenator Otto Borgner überraschend seinen Rücktritt. Er wollte nach knapp zwei Jahren im Senat als geschäftsführendes Vorstandsmitglied zur Konsumgenossenschaft „Produktion" wechseln. Bürgermeister Max Brauer sah darin offenbar keinen sonderlichen Verlust und tat nichts, um ihn umzustimmen. Zu regeln war nun die Nachfolge. Im Jahr darauf sollte eine neue Bürgerschaft gewählt werden. Jeder Kandidat für die Leitung der Wirtschaftsbehörde musste also die Möglichkeit einkalkulieren, bei einem für die SPD negativen oder auch nur unbefriedigenden Wahlausgang, nur ein Jahr lang Lückenbüßer gewesen zu sein. Pensionsansprüche erwarb man sich bei einer solchen Konstellation auch nicht. Alles in allem war das keine sonderlich attraktive Perspektive.

Angesichts der umfangreichen Kenntnisse über die Hamburger Wirtschaft und ihre Probleme war Karl Schiller sicherlich ein „natürlicher" Kandidat für die Nachfolge Borgners. Das sahen auch seine Freunde Gustav Dahrendorf und Erich Klabunde so, und sie rieten Max Brauer, sich für Schiller zu entscheiden. Der Bürgermeister folgte diesem Rat. Das Problem war allerdings

Karl Schiller. Er zögerte nicht nur wegen der Ungewissheit des Wahlausgangs. Vor allem die Frage, ob er seine gerade vollzogene Berufung auf einen Lehrstuhl und die damit verbundene Unabhängigkeit zugunsten eines Wechsels in die Politik mit all ihren Unwägbarkeiten aufgeben sollte, belastete ihn. Die Zusage, das Senatorenamt zu übernehmen, rangen Klabunde und Dahrendorf ihm schließlich in einem mitternächtlichen Gespräch in der Wohnung Dahrendorfs ab. Beide appellierten

Wirtschaftssenator des Wiederaufbaus:
Karl Schiller 1948.

geschickt an seine Eitelkeit, indem sie ihm erklärten, nur er könne diese Aufgabe zum Wohl der Stadt und mit Aussicht auf Erfolg übernehmen.
So kam es, dass Bürgerschaftspräsident Adolph Schönfelder (SPD) am 13. Oktober 1948 zwei Sozialdemokraten als neue Senatoren vereidigte: Professor Karl Schiller für das Ressort Wirtschaft und Verkehr und Walter Schmedemann als Gesundheitssenator und Nachfolger des Kommunisten Friedrich Dettmann, den die Bürgerschaft am 28. Juli 1948 zum Rücktritt gezwungen hatte, weil er die Berliner Blockade gebilligt hatte. Schiller wählte, anders als sein neuer Senatskollege, die Eidesformel mit religiöser Beteuerung: „Ich schwöre bei Gott." Er war der jüngste Senator. Eine Woche zuvor hatte der Senat auf Antrag des Schulsenators beschlossen, „Herrn Professor Dr. Schiller für den Fall seiner Wahl zum Senator für die Dauer die-

ses Amtes ohne Gehalt zu beurlauben".[35] Sein Lehrstuhl war ihm also sicher. Alles war nun zur Zufriedenheit der Beteiligten geregelt. Im Senat. Im SPD-Landesvorstand hingegen kam es am nächsten Tag zu einer erregten Diskussion über den neuen Wirtschaftssenator. Mehrere Vorstandsgenossen rügten in scharfer Form, der Landesvorstand sei bei dieser Personalie vor vollendete Tatsachen gestellt worden, und verlangten überdies ein grundsätzliches Entscheidungsrecht bei der Besetzung der Senatorenämter. Dahinter stand, wenngleich nicht als einziges Motiv, sicherlich auch der nachwirkende Groll über Schillers mangelnde Bereitschaft, sich in Sachen Verstaatlichung an den Kurs der Partei zu halten. Jedoch fegte Bürgermeister Max Brauer solche Ansprüche vom Tisch. Vor allem der tägliche Entscheidungsdruck hatte bei ihm einen Regierungsstil entstehen lassen, den er in zwei lapidaren Sätzen zusammenzufassen pflegte, und wonach er auch handelte: „Die Fraktion berät. Der Senat entscheidet."

Der Landesvorstand – das waren Parteifunktionäre, und die hatten jedenfalls damals in Brauers Machtgefüge keinen festen Platz, wenn es um die staatliche Ebene ging. Für den Bürgermeister war das durchaus vereinbar mit seiner inneren Bindung an die Grundsätze sozialdemokratischer Politik in Hamburg. Aber er nahm sich die Freiheit, darüber im konkreten Fall nach seinem Gutdünken zu entscheiden. Was gut oder schlecht für die Stadt war, und wer dem von ihm straff geführten Senat angehörte – dafür gab es aus seiner Sicht nur eine letzte Instanz, und das war er selbst. Die Bürgerschaftswahl vom 16. Oktober 1949 sollte ihm recht geben: Die SPD errang mit 42,8 Prozent der abgegebenen Stimmen 65 der 120 Mandate und konnte somit allein regieren.

Jedoch wurden Brauers unbändige Energie und sein Optimismus immer wieder auf harte Proben gestellt. Der Wiederaufbau der zertrümmerten Metropole und ihrer nach 1945 in eine Randlage geratenen Wirtschaft war voller Mühsal. Ende März 1948 hatte das „Bipartite Control Office" der beiden Besatzungsmächte in Frankfurt in einem Memorandum selbstkritisch festgestellt: „Die Maßnahmen der Alliierten und der deutschen Regierungen bei der Durchführung von Geschäften, und zwar von Export und Import als auch Binnenhandelsgeschäften, sind so schwerfällig geworden, dass sie für das Wiederaufleben der deutschen Wirtschaft nachteilig sind."[36] Auch die 1947 gegründete britisch-amerikanische „Joint Export-Import Agency" (JEIA) hatte kaum Fortschritte gebracht. Unter diesem Zustand litt Hamburg naturgemäß besonders.

Als Karl Schiller die Wirtschaftsbehörde übernahm, war jedoch offenkundig, dass die neue Währung, die Deutsche Mark, ihre Bewährungsprobe bestehen würde. In den knapp vier Monaten, die seit ihrer Einführung am 20. Juni 1948 vergangen waren, hatte sich bewahrheitet, was Jack Bennett, der Finanzberater des amerikanischen Militärgouverneurs General Lucius D. Clay, dem neuen Geld am 19. Juni 1948 mit auf den Weg gegeben hatte: „Die Zeit des wirtschaftlichen Chaos muss für Deutschland zu Ende sein. Mit der Beseitigung des alten Geldes, das die Wirtschaft vergiftet hat, beginnt Deutschlands wirtschaftliche Gesundung."[37]

Schillers Senatskollege, Finanzsenator Walter Dudek (SPD), einer der Geburtshelfer der Deutschen Mark in der sogenannten Konklave von Rothwesten (Landkreis Kassel), konnte der Bürgerschaft bei der verspäteten Vorlage des Haushalts 1949 zum ersten Mal seit 1946 wieder eine optimistische Perspektive aufzeigen: „Das entscheidende Ereignis des vergangenen Haushaltsjahres war die Währungsreform. Sie hat das Gesicht der westdeutschen Wirtschaft völlig verändert. Anstelle eines lähmenden Warenmangels trat ein Überangebot von Waren und Dienstleistungen aller Art. Die raschelnde Papierflut der Reichsmark wich den sparsam gehüteten Scheinen der Deutschen Mark. Die Güterproduktion stieg rasch und beginnt langsam normale Formen anzunehmen. Dank der tatkräftigen Hilfe des Marshallplanes gesunden unsere Verhältnisse sichtlich." Jedoch habe der tatsächliche Ertrag der deutschen Wirtschaft den Friedensstand erst zu 60 Prozent erreicht.[38]

Im Gegensatz zu den amerikanischen Besatzungsbehörden behinderte die britische Militärregierung diesen wirtschaftlichen Aufschwung damals eher, als dass sie ihn förderte. Die Vermutung lag nahe, dass es der Regierung in London vor allem darum ging, die deutsche Konkurrenz so lange wie möglich von den internationalen Märkten fernzuhalten. Das zähe Bemühen um den Abbau der alliierten Wirtschaftsbürokratie,

Die Währungsreform vom 21. Juni 1948 füllte die Schaufenster, und die Passanten staunten.

Abbau!
r Preise
Blusen Röcke um
20%

unter der die Gesundung der deutschen Wirtschaft weiterhin litt, war eine der drängenden Aufgaben, denen Schiller sich als Wirtschaftssenator in Zusammenarbeit mit der Handelskammer zu widmen hatte. Einmal in der Woche fand er sich bei dem für die Hansestadt zuständigen Regional Economic Officer (REO), dem Wirtschaftsoffizier der Militärregierung, zum Rapport ein. Die Protokolle dieser Besprechungen vermitteln nicht den Eindruck, dass sie in einem Klima des grundsätzlichen Einvernehmens stattfanden. Während Schiller immer wieder die Lockerung oder gar Aufhebung hemmender Vorschriften anmahnte, musste er sich nörgelnde Vorhaltungen des Wirtschaftsoffiziers über die nach britischer Auffassung zu opulente Straßen- und Schaufensterbeleuchtung oder den Kraftfahrzeugbestand anhören – in Londoner Zeitungen waren beide Themen missbilligend aufgegriffen worden.

Das Verhältnis zwischen der Militärregierung und dem Senat war damals ungeachtet der höflichen Formen, in denen man miteinander umging, politisch Not leidend, und zwar nicht nur wegen derartiger kritischer Punkte. Ein ständiger Stein des Anstoßes waren die Besatzungskosten, die bis zu deren Übernahme in den Bundeshaushalt aus hamburgischen Steuermitteln finanziert werden mussten. Angefordert hatte die Militärregierung im Haushaltsjahr 1949 insgesamt 380 Millionen Mark. Bei einem Gesamtetat von rund 1,4 Milliarden DM war das mehr als ein Viertel des Haushalts. Der Unmut im Senat war so groß, dass der Finanzsenator sich sogar öffentlich zum britischen Finanzgebaren äußerte, was durchaus ungewöhnlich war: Es sei „manchmal schmerzlich zu sehen, dass Gelder für Dinge aufgewendet werden, für die man nicht immer volles Verständnis haben kann".[39]

Weitaus belastender für das Verhältnis zur Besatzungsmacht war indessen deren Demontagepolitik. Den Stellenwert dieses Themas für den wirtschaftlichen Wiederaufbau Hamburgs hatte Schiller als Vorsitzender der Gutachter-Kommission mit großem Nachdruck hervorgehoben. Als Wirtschaftsenator wurde er nun in der politischen Realität mit diesem Problem konfrontiert. Die einschlägigen Bürgerschaftsprotokolle weisen aus, dass er in dieser auch emotional schwierigen Sache Hamburgs Interessen mit Festigkeit, Würde und diplomatischem

Fingerspitzengefühl vertreten hat. In solchen Situationen zeigte er eine Haltung, die damals durchaus nicht selbstverständlich war.

Besonders deutlich wurde das Ende März 1949 in der Bürgerschaft, als Schiller dem Landesparlament über drei Probleme zu berichten hatte, die in der Stadt und weit darüber hinaus Verbitterung und Empörung über das Vorgehen der Besatzungsmacht ausgelöst hatten: die teilweise Schließung der Bau-

Senatssitzung in der Ratsstube 1949 mit Bürgermeister
Max Brauer (SPD) (Bildmitte),
Finanzsenator Dr. Walter Dudek (SPD) (vierter von rechts) und
Wirtschaftssenator Karl Schiller (SPD) (rechts).

und Montage GmbH, eines Nachfolgebetriebs von Blohm & Voss, die kurz zuvor durchgeführte Sprengung des 350-Tonnen-Schwimmkrans im Hafen und die damals drohende Vernichtung des Trockendocks Elbe 17 – in den letzten beiden Fällen mit der fadenscheinigen Begründung, es handele sich, da die Kriegsmarine der Hauptauftraggeber gewesen sei, um militärische Anlagen, und daher falle ihre Beseitigung unter die „Abrüstung" und nicht unter die Demontagen. Schiller schilderte den Abgeordneten, wie Bürgermeister Max Brauer und er persönlich versucht hatten, die Sprengung des Krans zu verhindern, und hielt der Militärregierung den wirtschaftlichen Widersinn vor: „Es wird […] ein derartiges Objekt im Werte von mindestens 15 Millionen DM zu einem Zeitpunkt mit einem Schlage vernichtet, während wir uns gleichzeitig den Kopf zerbrechen, wie wir finanzielle Kredite in die deutsche Wirtschaft hineinbringen sollen, um sie wieder aufzubauen." Er appellierte an die Bürgerschaft, „das Gewicht ihrer Stimme" für die Rettung und Sicherung des Trockendocks in die Waagschale zu werfen, und wies darauf hin, dass „im vierten Jahr nach Beendigung der Kampfhandlungen noch zerstört wird, dass Objekte zerstört werden, die ohne Weiteres für die Friedensproduktion oder den friedensmäßigen Verkehr verwendet werden können, dass in einem Zeitpunkt – wo wir daran gehen, […] unter dem Marshallplan, unter einer internationalen oder europäischen Wirtschaftsunion oder ähnlichem die europäische Wirtschaft überhaupt als solche wieder aufzubauen – dass in einem solchen Zeitpunkt im Hamburger Hafen vernichtet wird". Mit einem für ihn typischen Sarkasmus fügte er hinzu: „Ich möchte von meiner Fakultät aus sagen: Die Nationalökonomie, die mir beweist, dass derartige Akte der Vernichtung den Wiederaufbau der europäischen Wirtschaft fördern, diese Nationalökonomie, die das beweist, die müsste noch erfunden werden."[40]

Es gab zahlreiche weitere politische Problembereiche, in denen der Wirtschaftssenator sich zu bewähren hatte – die „rheinische Republik" zum Beispiel. Im Juni 1951 beklagte sich der Senat in aller Öffentlichkeit in einer Denkschrift mit dem Titel „Hamburg im Schatten der Bundesrepublik" über fortgesetzte Benachteiligung des sozialdemokratisch regierten Stadtstaates, vor allem bei der Zuweisung öffentlicher Mittel durch die unionsgeführte Bundesregierung. Karl Schiller, auch im Senatorenamt unverändert der passionierte Nationalökonom, war in seinem Element, als es darum ging, die Senatsposition öffentlich zu untermauern. Den Bürgerschaftsabgeordneten hielt er damals eine Vorlesung über die „Bedeutung des Wirtschaftskörpers Hamburg" – ein Thema, das eng mit der vom Senat immer wieder beklagten Rolle der Hansestadt als „Zahlmeister der Republik" im Länderfinanzausgleich zusammenhing. Schiller verwies auf die amtliche Zeitschrift „Wirtschaft und Statistik", in der „für die Steuereinnahmen – regional aufgegliedert, wie dies üblich ist – jetzt die neuesten Daten bekannt gegeben worden sind. Aus dieser Zusammenstellung geht hervor, dass im ersten Quartal dieses Jahres [1951, d.Verf.] aus der hamburgischen Wirtschaft an Landes- und Bundessteuern insgesamt beinahe eine halbe Milliarde Steuern herausgekommen sind. Zusammen mit den 150 Millionen, die an Gemeindesteuern im Haushaltsplan für 1951 vorgesehen sind, würde das, meine Damen und Herren, für das gesamte Jahr einen Betrag von mehr als zwei Milliarden DM ergeben, der aus diesem Wirtschaftskörper für die deutsche Staatswirtschaft – Bund, Länder und Gemeinden insgesamt! – zur Verfügung gestellt wird. Ich glaube, diese große Summe, die ganz grob gesagt neun bis zehn Prozent aller Steuereinnahmen der öffentlichen Wirtschaft […] darstellt, ich glaube, diese Zahl demonstriert wie keine andere das Gewicht dieses Wirtschaftskörpers Hamburg!"

Im Plenarsaal herrschte bei solchen Auftritten des Wirtschaftssenators eine Stille wie früher in den Vorlesungen des Professors Schiller. Er war zwar kein rhetorisches Naturtalent, hatte sich aber mittlerweile zum brillanten Redner entwickelt und demonstrierte – wie schon 1939 in seiner Antrittsvorlesung in Kiel – seine Fähigkeit, schwierige Probleme „höchst verständnisvoll einzuordnen", wie sein damaliger Dekan Professor Schaffstein es formuliert hatte. Auch die Abgeordneten, für die Hamburgs Hafenprobleme weitgehend ein Buch mit sieben Siegeln waren, konnten mit den griffigen Formulierungen etwas anfangen, die er ihnen zur Erläuterung dieses komplizierten Themas anbot – zum Beispiel mit dem Hinweis, dass „der Hamburger Hafen durch die Zonenspaltung nur auf einem Lungenflügel atmet". Es war dieses Talent, diffizile Sachfragen verständlich darzustellen, das seinen Aufstieg als Wissenschaftler wie als Politiker ganz wesentlich gefördert hat.

Die Randlage der Hansestadt als Folge des „Eisernen Vorhangs" war für die hamburgische Wirtschaftspolitik der Nachkriegszeit die zentrale Herausforderung. Sie betraf vor allem die Verkehrsinfrastruktur. Die erforderlichen Investitionen in das Eisenbahn- und Straßennetz, den Luftverkehr und die Wasserstraßen waren primär Aufgabe des Bundes, und so bedurfte es in Bonn politischer Kärrnerarbeit, um Hamburgs Interessen gegenüber der Bundesregierung angemessen zur Geltung zu bringen. Die hamburgischen Bundestagsabgeordneten waren dabei quer durch die Fraktionen wichtige Mittler, zu denen Schiller intensiven Kontakt hielt. Die wirklich zentralen Hemmnisse für Hamburgs Rückkehr auf die Märkte der Welt lagen aber in den gravierenden alliierten Beschränkungen für den deutschen Schiffbau und die deutsche Handelsflotte. Deren Aufhebung ließ sich nur durch zähen Einsatz auf dem internationalen Parkett erreichen. Bürgermeister Max Brauer (SPD) und auch Bundeskanzler Konrad Adenauer (CDU) verfolgten dieses Ziel mit großer Beharrlichkeit. Es ging darum, vor allem die Amerikaner zu der Einsicht zu bringen, dass diese Restriktionen nicht nur überholt, sondern dass sie schädlich für die rasche wirtschaftliche Gesundung der jungen Bundesrepublik waren.

Der Nationalökonom Karl Schiller war ein ungemein eloquenter Verfechter dieser Position, und er nutzte jede Gelegenheit, um sie offensiv zu vertreten. Chancen dafür boten sich, als im August 1950 eine Hamburger Delegation unter Schillers Leitung – zu dieser Reisegesellschaft gehörte auch Helmut Schmidt – zu Gesprächen mit Regierungs- und Wirtschaftsvertretern nach Washington und New York flog. Ein weiterer Zweck der Reise war es, auf einer internationalen Messe in Chicago für den Hamburger Hafen zu werben. Der Wiederaufbau kam zwar voran, doch von einer Leistungsfähigkeit wie in den Vorkriegsjahren konnte noch keine Rede sein, und auf dem Messestand der Hansestadt mussten Pläne und Modelle die späteren Realitäten vorwegnehmen.

Für Schiller, den einstigen Wehrwirtschaftsforscher aus dem Kieler Institut für Weltwirtschaft mit dem Parteibuch der NSDAP und der Zugehörigkeit zur SA, war diese Reise durchaus nicht ohne politisches Risiko. Seit dem Kriegsende waren erst fünf Jahre vergangen, und vor allem in New York gab es noch erhebliche Ressentiments gegen alles Deutsche schlechthin. Man musste also damit rechnen, dass Schiller mit unangenehmen Fragen nach seiner Tätigkeit in der NS-Zeit konfrontiert werden könnte. Doch nichts dergleichen geschah. Die Reise wurde zu einem vollen Erfolg. Karl Schiller war tief beeindruckt von der Leistungsfähigkeit und Vitalität dieses riesigen Wirtschaftsraumes, den er mit den geschulten Augen des Ökonomen erlebte.

Diese Erfahrung festigte letztendlich auch seine wirtschaftspolitischen Grundüberzeugungen. Bereits 1949 hatte er in der Bürgerschaft klargestellt, die von ihm vertretene Wirtschaftspolitik sei „absolut gegen die Zwangsbewirtschaftung und für eine gelenkte, regulierte Marktwirtschaft eingestellt". Noch vor der Gründung der Bundesrepublik bezog er sich auf das „Leitsätzegesetz, welches das Grundgesetz der Erhardschen Politik darstellt", und zitierte daraus den entscheidenden Passus: „Soweit der Staat den Verkehr mit Waren und Leistungen nicht regelt, ist dem Grundsatz des Leistungswettbewerbs Geltung zu ver-

„Mit der wirtschaftspolitischen Wendung von der Zwangswirtschaft zur Marktwirtschaft haben wir mehr getan als nur im engeren Sinne wirtschaftliche Maßnahmen getroffen."
Ludwig Erhard mit seinem Buch „Wohlstand für alle" (1957), aus dem dieses Zitat entnommen ist.

schaffen. Bilden sich wirtschaftliche Monopole, so sind sie zu beseitigen und bis dahin staatlicher Aufsicht zu unterstellen. Der Entwurf eines dahin gehenden deutschen Gesetzes ist dem Wirtschaftrat alsbald vorzulegen."[41] In derselben Debatte stellte er den Bezug zu jenem „freiheitlichen Sozialismus" her, dem er sich als Student und jetzt wieder als verantwortlicher Politiker verschrieben hatte: Es sei „ein Märchen [...], dass man vom Standpunkt des freiheitlichen Sozialismus gegen den Wettbewerb sei. Im Gegenteil, ich möchte so weit gehen und sagen, dass heute, in der augenblicklichen Situation, eine sozialistische Offensive für die Konkurrenz, die von Monopolen frei ist, das Gegebene ist und das tatsächlich für die wirtschaftliche Situation des deutschen Volkes Angebrachte. Niemand kann mehr

Interesse haben an einem freien, von Monopolen und Preisabreden nicht behinderten Wettbewerb als der deutsche Arbeiter, der deutsche Konsument […]"

Es waren im Kern die Thesen seiner akademischen Lehrer Adolph Löwe und Emil Lederer, die er hier vortrug. Sein eigener, später berühmt gewordener Grundsatz „So viel Wettbewerb wie möglich, so viel Planung wie nötig" war die griffige Quintessenz dieser Überzeugungen. Zu kritisieren hatte er an der Erhardschen Wirtschaftspolitik, dass sie nicht konsequent genug umgesetzt werde, zum Beispiel durch ein wirksames Antimonopolgesetz. In Hamburg jedenfalls, auch das erwähnte er als Beleg für sein Bekenntnis zum Wettbewerb, habe man „ab 1. Januar dieses Jahres [1949, d.Verf.] die Gewerbefreiheit […] so weit durchgeführt […] wie es nur irgend möglich ist unter den jetzigen Bestimmungen […]"

Schillers Problem war nur, dass er einer Partei angehörte, die sich 1947 in Hamburg zur Verstaatlichung der Schlüsselindustrien bekannt hatte, wenngleich die SPD damit erst beginnen wollte, wenn die Demontage deutscher Industriebetriebe beendet, die Ernährung der Bevölkerung gesichert und ein einheitliches Wirtschaftsgebiet geschaffen worden sei. Jedoch hatten 1947 nicht nur die Sozialdemokraten solche Positionen vertreten. Auch die CDU übte im Ahlener Programm vom 3. Februar 1947 noch massive Kritik am kapitalistischen System und forderte die Verstaatlichung der Schlüsselindustrien, rückte dann jedoch unter dem Einfluss Ludwig Erhards von diesem Kurs ab. Die Parlamentsprotokolle belegen, dass Karl Schiller in den Bürgerschaftsdebatten mit zuweilen erstaunlicher Geduld, auch mit Witz und Ironie bemüht war, die zumeist schwierigen Sachverhalte seines Ressorts zu erläutern. Ökonomischen oder gar wirtschaftspolitischen Sachverstand konnte er nur bei einer Minderheit der Abgeordneten voraussetzen. Seine Auftritte in den Plenardebatten und in den Ausschüssen zeigten eine umfassende Kompetenz und wirkten schon allein deshalb souverän. Hinzu kamen indessen stilistische Eleganz und die Gabe der anschaulichen Formulierung. Diesem Senator hörte man wirklich zu.

Das Urteil über Karl Schiller als Behördenchef war weniger günstig. Er galt im eigenen Hause als eitel, egozentrisch, überaus empfindlich und auf kühle Distanz achtend – ein schwieriger Dienstherr. Zu spüren bekam das ein junger Diplomvolkswirt, der nach dem Examen 1949 in die Behörde eingetreten war und als Schillers persönlicher Referent sein unmittelbarer Untergebener wurde: Helmut Schmidt. Nach zunächst harmonischem Start entwickelte sich daraus ein mehr oder weniger stürmisches Dienstverhältnis, bei dem beide einander mit Ansprüchen begegneten, die zwangsläufig zu Konflikten führen mussten. War Karl Schiller ein intellektuell brillanter, aber persönlich eher unangenehmer Chef, so war Helmut Schmidt alles andere als ein einfacher Untergebener, der sich eine eigene Meinung nicht nur erlaubte, sondern sie auch in robuster Form zur Geltung brachte, zuweilen mehr als das. Für eine biografische Skizze über Karl Schiller ist diese Phase in den beiden Lebensläufen wichtig, weil sie ihr späteres Verhältnis als prominente Bundespolitiker der SPD wenn nicht geprägt, so doch tief greifend beeinflusst hat. Anfang Dezember 1950 eskalierte die Situation. Schmidt überreichte seinem Senator ein Rücktrittsschreiben, das Festigkeit in der Sache mit ausgesuchter Konzilianz im Ton verband, um die Beziehungen zu Schiller nicht irreparabel zu beschädigen. Schiller honorierte das jedoch nicht, sondern reagierte, ebenfalls schriftlich, mit herablassender und verletzender Schärfe.[42]

Verblüffend war indessen, dass Helmut Schmidt nach dieser Zuspitzung nicht die Wirtschaftsbehörde, sondern nur seinen Posten als persönlicher Referent verließ und in das Amt für Verkehr wechselte, dessen Leitung er im Februar 1952 übernahm. Das war eine berufliche Entwicklung, die sicherlich ohne Schillers Zustimmung nicht möglich gewesen wäre. Ein völliger Bruch zwischen den beiden, gleichermaßen ehrgeizigen Sozialdemokraten war damit vermieden, doch ihr Verhältnis blieb schwierig und nahm durch zwei Vorgänge erneut Schaden: Schmidt wurde, aus welchen Gründen auch immer, zunächst das einem Amtschef zustehende Gehalt verweigert. Daraufhin schaltete er mit Erfolg die Gewerkschaft Öffentliche Dienste, Transport und Verkehr (ÖTV) ein, deren Mitglied er war. Noch gravierender war für ihn, dass Schiller sich dann als Aufsichtsratsvorsitzender der städtischen Hamburger Hafen- und Lagerhaus AG (HHLA) quer legte, als Schmidt die Chance hatte,

Vorstandsmitglied der HHLA zu werden – eine Position, die verlockend dotiert war. Helmut Schmidt hat ihm das lange nachgetragen.

Karl Schiller hatte in dieser Zeit private und politische Schwierigkeiten, an denen er wahrlich nicht unschuldig war. Seine erste Ehe mit Lolo Schiller war gescheitert. Das Paar hatte sich 1950 scheiden lassen, und er hatte eine Beziehung zu seiner Sekretärin Annemarie Vogt begonnen. Am 17. Februar 1951 wurden beide vor dem Standesamt in Blankenese getraut. Sein Privatleben hatte er damit konsolidiert.

Das zweite Problem wurde zu einem Politikum: Im März 1949, nur ein halbes Jahr nach seiner Wahl in den Senat, hatte Karl Schiller einen Ruf an die Universität Frankfurt am Main erhalten. Er war in Verhandlungen mit dem hessischen Kultusministerium eingetreten, die sich während des ganzen Jahres 1950 hinzogen. Die finanziellen Forderungen, die er stellte, wurden ihm sämtlich bewilligt. Bürgermeister Max Brauer oder den Senat insgesamt über diesen Sachstand zu informieren, vom SPD-Landesvorstand ganz zu schweigen, hielt Karl Schiller nicht für erforderlich oder nicht für opportun. So kam, was kommen musste – die führenden SPD-Politiker der Hansestadt erfuhren von der Frankfurter Offerte aus den Zeitungen. Das führte zu einem gereizten Brief des SPD-Landesvorsitzenden Karl Meitmann, der Schiller am 11. April 1951 in unmissverständlicher Tonlage aufforderte, für Klarheit zu sorgen.[43] Zugleich verständigte man sich im SPD-Landesvorstand auf den SPD-Fraktionsvorsitzenden Gerhard Neuenkirch als Nachfolger, um von Bürgermeister Max Brauer nicht erneut übergangen zu werden.

Schiller ließ sich von Meitmanns Brief jedoch nicht sonderlich beeindrucken. Er verhandelte nun mit dem Senat, dem er selbst angehörte, konkret mit der Hochschulabteilung seines Senatskollegen Landahl, über eine Heraufsetzung seiner Dienstbezüge als Ordinarius für den Fall, dass er auf seinen Lehrstuhl zurückkehren würde. Diese Gespräche verliefen positiv. Daraufhin sagte Schiller in Hessen ab und erhielt am 26. Mai 1951 einen an seine Privatanschrift in Blankenese, Kapitän-Dreyer-Weg 15, adressierten Eilbotenbrief des Senatssyndikus Hans von Heppe: Es war die „erfreuliche Mitteilung [...], dass Ihnen mit Zustimmung der Senatskommission für den Verwaltungsdienst in entsprechender Abänderung der mit Ihnen geschlossenen Berufungsvereinbarung mit dem Beginn des Semesters, in dem Sie Ihre Lehrtätigkeit an der Universität Hamburg wieder aufnehmen, ein Grundgehalt in der Besoldungsgruppe H 1 b von 13 600 DM sowie eine Kolleggeldgarantie von 5 000 DM jährlich gewährt werden wird." Mit einem etwas gereizten Unterton fügte der Senatssyndikus hinzu, er hoffe, „dass Sie sich nunmehr für ein Verbleiben in Hamburg entschließen und bitte, mir hierüber eine kurze Mitteilung zukommen zu lassen".[44]

Schiller hatte sich durchgesetzt. Aber er zahlte dafür einen hohen Preis: In der Hamburger SPD wurde sein hessisches Intermezzo als weiteres Indiz dafür gewertet, dass man sich auf den Politiker Karl Schiller bei aller Kompetenz und all seinen Talenten bedauerlicherweise nicht verlassen könne. Diese Beurteilung seiner Person sollte noch Folgen haben.

Unterdessen begann Schiller zunehmend, unter seinem Amt zu leiden. Die Annehmlichkeiten, das Gehalt eingeschlossen, und der Respekt, den er genoss, waren ihm zur Gewohnheit geworden. Zugleich gab er sich keinerlei Illusionen darüber hin, dass die Gestaltungsspielräume, die er nutzen konnte, eng begrenzt waren. Die wirtschaftspolitischen Rahmenbedingungen wurden von der Bundesregierung in Bonn gesetzt, und der Bundeswirtschaftsminister Ludwig Erhard (CDU) war auf dem Weg zu einem Nimbus, dem die SPD als Oppositionspartei im Bund kaum etwas entgegenzusetzen hatte. Ein Landeswirtschaftsminister wie Karl Schiller konnte nur versuchen, offenkundige Fehlentwicklungen öffentlich zu benennen und Vorschläge zur Korrektur zu entwickeln. Ob er damit Erfolg hatte, stand nicht in seiner Macht. Sicher war ihm nur die Kärrnerarbeit seines Ressorts – die Schiffbaufinanzierung und die Filmbürgschaften, die Hafenwerbung und die Küstenkohlentarife, die Hausbrandversorgung und das Handelskammergesetz. Wenn aber Erfolge zu verkünden waren, wie am 4. April 1951 das Ende der alliierten Beschränkungen für den deutschen Schiffbau und die Schifffahrt, dann war es Max Brauer, der vor die Mikrofone trat und ausrief: „Heute Mittag um 12 Uhr haben die deutschen Schiffe im Hamburger Hafen die Bundesflagge Schwarz-Rot-Gold gesetzt!" Der Bürgermeister behielt sich die guten Nachrichten vor, die anderen überließ er seinen Senatoren. Das verdross nicht nur Karl Schiller, der sich ebenfalls mit großer Zähigkeit für die Freigabe der Schifffahrt eingesetzt hatte. Hinzu kam: Je mehr sich die Lebensverhältnisse normalisierten, desto mühseliger und kräftezehrender wurde das Regieren. Der Beratungs- und Abwägungsbedarf nahm zu, und es mussten öfter als früher unterschiedliche Meinungen auf einen Nenner gebracht werden. Das Tagesgeschäft wurde zeitraubender.

Am 3. Dezember 1953 unterzeichneten Wirtschaftssenator Karl Schiller, Gerhard Höltje, Vorstandsmitglied der „Aktiengesellschaft für Luftverkehrsbedarf" (spätere Lufthansa) und der Flughafendirektor Wachtel (sitzend von links) den Vertrag über die erste Luftwerft in Deutschland.

Das belastete auch Schillers Terminkalender und ließ ihm vergleichsweise wenig Zeit, um an der wirtschaftspolitischen Grundsatzdiskussion innerhalb der SPD auf Bundesebene teilzunehmen. Deren Plattform war der Wirtschaftspolitische Ausschuss beim Parteivorstand.
Schiller war nicht der einzige sozialdemokratische Wirtschaftsexperte, der eine ideologische Öffnung der Partei zur Mitte und damit den Abschied vom traditionellen, marxistisch geprägten Selbstverständnis der SPD für erforderlich hielt, wenn die Sozialdemokraten ihre Bonner Oppositionsrolle beenden wollten. Aber Marktwirtschaftler wie er waren in der Partei in einer klaren Minderheit, und im Apparat ohnehin. Seine Grundüberzeu-

gungen hatte Schiller 1951 in der Expertise „Wirtschaftspolitische Leitsätze als Entwurf für den Wirtschaftsausschuss des Deutschen Bundesrates" entwickelt.[45] Darin bemühte er sich, der in der Bevölkerung weit verbreiteten Überzeugung entgegenzutreten, jeder „güterwirtschaftlichen Regulierung auf einem Markt", also grundsätzlich jeder Planung, folge notwendig das Abgleiten in eine totale Zwangswirtschaft. Angesichts der unbestreitbaren Erfolge der sozialen Marktwirtschaft, für

Als Wirtschaftssenator suchte Karl Schiller den Kontakt mit Firmen und Belegschaften, hier bei einer Rede im Mai 1953.

die der Name Ludwig Erhard stand, war Schillers Aufklärungsarbeit ein mühseliges Unterfangen. Er musste sich zugleich mit den damals in der SPD tonangebenden planwirtschaftlichen Ideologen auseinandersetzen, mit Viktor Agartz und Professor Erik Nölting vor allem. Was Karl Schiller propagierte, war im Grunde ein „dritter Weg" in der Wirtschaftspolitik.

Mit diesen Positionen in die SPD-Gremien zu gehen und um Mehrheiten zu kämpfen, widerstrebte ihm. Seine Abneigung gegen solche Zusammenkünfte begann schon bei dem „Du" unter Genossen, das seinem Bemühen um Distanz zuwider war, und setzte sich fort bei dem intellektuellen Niveau der Diskussionen, das seinen Ansprüchen nicht genügte. In der Partei wurde das natürlich bemerkt, und die Reaktionen darauf blieben nicht aus. Jedoch hatte Schiller als Wirtschaftssenator genug Möglichkeiten, um für seine Überzeugung zu werben, dass erfolgreiche Wirtschaftspolitik einer Planung der Rahmenbedingungen, vor allem aber eines wirklich funktionierenden Wettbewerbs bedürfe. Er vertrat seine Thesen im Plenarsaal der Hamburger Bürgerschaft, am Rednerpult des Bonner Bundesrats, in Aufsätzen und Diskussionsveranstaltungen mit kompetenter, eleganter Rhetorik. Nicht nur in der Öffentlichkeit, auch im Parteiapparat wurde Karl Schiller als ein Wirtschaftspolitiker wahrgenommen, von dem man sagte: sicher ein schwieriger Mann, aber vor allem ein brillanter Kopf.

So kam es, dass er im Frühjahr 1951 zuerst zu den Sitzungen des Wirtschaftspolitischen Ausschusses eingeladen und wenig später dessen ständiges Mitglied wurde. Jedoch ging er mit diesem Gremium lässig um und glänzte häufig durch Abwesenheit. Aber er gewann dennoch an Terrain, wobei er dabei auch von dem Umstand profitierte, dass die Planwirtschaftler um Agartz und Nölting angesichts der unbestreitbaren Erfolge Ludwig Erhards mit ihren Thesen in eine Sackgasse geraten waren. Ihre Theorien erinnerten die Wähler, denen Erhard den Konsum predigte und auch ermöglichte, zu sehr an Lebensmittelkarten und Bezugsscheine. Es war jedenfalls ein deutlicher Beleg für Schillers wachsenden Einfluss in der Partei, dass er 1953 auf dem wirtschaftspolitischen Kongress der SPD in Bochum das Hauptreferat hielt. Vor diesem Auditorium gab er zum ersten Mal seine Parole aus: „Wettbewerb so weit wie möglich, Planung so weit wie nötig."[46] Das Echo in der Partei war verhalten. Er hatte das auch nicht anders erwartet: „Das ist alles bei uns leider nicht so einfach."[47] Es war eben noch ein weiter Weg bis zum endgültigen Abschied von der Planwirtschaft auf dem Godesberger Parteitag 1959.

Das Jahr 1953 brachte der Sozialdemokratie zwei bittere Niederlagen. Am 6. September ging die Bundestagswahl verloren. Bis in die Arbeiterschaft hinein hatte die CDU an Terrain gewonnen, auch in Hamburg. Die SPD war endgültig zur „30-Prozent-Partei" geworden. Und am 1. November musste die SPD sich in ihrer Hochburg Hamburg aus dem Senat verabschieden. Der bürgerliche Hamburg-Block, zu dem sich die CDU, die FDP, die Deutsche Partei (DP) und die Flüchtlingspartei Gesamtdeutscher Block/Bund der Heimatvertriebenen und Entrechteten (GB/BHE) zusammengeschlossen hatten, hatte die

Der Hamburg-Block, ein Wahlbündnis der bürgerlichen Parteien, unterbrach 1953 für vier Jahre die Vorherrschaft der SPD in der Hansestadt. Für Karl Schiller war das eine Zäsur – er kehrte zur Wissenschaft, der Nationalökonomie, zurück.

Wahl gewonnen. Eine Folge dieses Wahlsiegs war die Rücknahme der sozialdemokratischen Schulreform von 1949 mit der Einführung der sechsjährigen Grundschule. Mit der Bildung des Senats am 2. Dezember 1953 – neuer Wirtschaftssenator wurde der Freidemokrat Ernst Plate – schied Karl Schiller aus der Landesregierung aus.

Er empfand kein Bedauern über diesen Wahlausgang. Die Art und Weise, in der die SPD die Ursachen dieser beiden Wahlniederlagen aufzuarbeiten versuchte, erleichterte ihm die Rückkehr auf seinen Lehrstuhl. Sein Bürgerschaftsmandat nahm er jedoch weiter wahr. Seine frustrierenden Erfahrungen mit der SPD hatten ihn zu einem Kritiker des Apparats werden lassen. In der Behörde wurde sein Ausscheiden daher mit Erleichterung zur Kenntnis genommen. Das Klima war massiv belastet, nachdem der von einem Sozialdemokraten geleitete Betriebsrat der Behörde ihm im April 1953 einen miserablen Führungsstil vorgeworfen hatte. Schiller reagierte darauf mit einem Disziplinarverfahren gegen den Betriebsratsvorsitzenden und beantragte überdies die Feststellung eines „parteischädigenden Verhaltens" durch den SPD-Landesvorstand. Beides ging aus wie das Hornberger Schießen. Schiller hatte genug von der Politik. Seine Rolle als Abgeordneter der neu gewählten Bürgerschaft sah er vor allem darin, in diesem Landesparlament wirtschaftswissenschaftlichen Sachverstand zur Geltung zu bringen.

Ordinarius und Rektor in Hamburg

Zu Beginn des Jahres 1954 nahm Karl Schiller seine Lehr- und Prüfungstätigkeit an der Hamburger Universität wieder auf. Er fühlte sich befreit von dem täglichen Termindruck, den Konflikten und Querelen, denen er als Senator ausgesetzt war, und genoss die Möglichkeit, endlich zur Ruhe zu kommen, für sich Bilanz zu ziehen, seine Perspektiven zu überdenken und sich mehr um seine Familie zu kümmern. Seine zweite Ehefrau Annemarie hatte 1952 die Tochter Christa geboren. Von den beiden Töchtern aus erster Ehe hatte Barbara in die USA geheiratet, Bettina lebte in der väterlichen Villa in Blankenese. 1955 sollte Karl Schiller noch Vater eines Sohnes Tonio werden, der seinen Namen der Figur des Tonio Kröger aus der gleichnamigen Novelle von Thomas Mann verdankte.

Der Atmosphäre in der Familie hätte es sicher gut getan, wenn Karl Schiller wirklich zur Besinnung auf sich selbst, zu größerer Gelassenheit und einer kontemplativen Lebenseinstellung gefunden hätte. Er war nun 43 Jahre alt, stand also in seinen besten Jahren, er hatte viel erreicht und konnte abwarten, was die Zukunft bringen würde. Er tat das Gegenteil. Seine Nervosität ließ nicht nach, wieder ließ er sich auf Verhandlungen über einen Wechsel der Arbeitsstelle ein, abermals nach Hessen. Der Ministerpräsident des Landes, Georg-August Zinn (SPD), schaltete sich höchstpersönlich ein, um ihn für den Präsidentenposten der hessischen Landeszentralbank zu gewinnen. Schiller nutzte auch dieses Angebot, um in Verhandlungen mit dem Hamburger Senat seine Dienstbezüge nicht unerheblich zu verbessern. Als das gelungen war, sagte er der hessischen Landesregierung ab.

Auch in der Hamburger SPD und im Landesvorstand war mittlerweile die Einsicht gereift, dass die planwirtschaftlichen Parolen aus Kurt Schumachers Zeiten durch die wirtschaftliche Entwicklung überholt waren. Als zukunftsfähig galt nun Karl Schillers Bekenntnis zur Marktwirtschaft mit staatlichen Planungs- und Orientierungshilfen. Im Juni 1956 brachte die SPD im Bundestag den Entwurf für ein „Gesetz zur Förderung eines stetigen Wachstums der Gesamtwirtschaft" ein, der ganz wesentlich Schillers Handschrift trug. Begründet wurde er von Heinrich Deist, der ebenso wie Schiller nachdrücklich marktwirtschaftliche Positionen vertrat. Der Entwurf war ein Vorläufer des Stabilitätsgesetzes von 1967.

Max Brauer, in der sicheren Erwartung eines SPD-Sieges bei der Bürgerschaftswahl 1957, bot Schiller die Rückkehr an die Spitze der Wirtschaftsbehörde an. Der SPD-Landesvorstand, der das Votum des aufbegehrenden Betriebsrats aus dem Jahr 1953 nicht vergessen hatte, entwickelte indes eine andere Idee, um Schillers Fähigkeiten für die Partei zu nutzen: ein Bundestagsmandat, abgesichert auf einem der vorderen Plätze der SPD-Landesliste.

Der so umworbene Ökonomieprofessor nahm das alles zur Kenntnis und traf eine klare Entscheidung: Er lehnte alle Angebote ab und teilte seiner Partei zugleich mit, dass er auch für eine erneute Kandidatur zur Bürgerschaft nicht zur Verfügung stehe. Er strebte ein anderes Amt an: Am 6. Juli 1956 wählte ihn die Vollversammlung der Hamburger Universität, der damals Vertreter der Professoren und der Privatdozenten angehörten, als Nachfolger des Geografen Professor Albrecht Kolb zum neuen Rektor.

Schiller war zu diesem Zeitpunkt längst eine Berühmtheit unter den Professoren. Seine Vorlesungen waren überfüllt. Er war so beliebt, dass die Studenten ihn am 20. November 1956 zum Amtsantritt nach einer Fahrt auf dem mit Lampions geschmückten Alsterdampfer „Rodenbek" in einem Fackelzug zum Hauptgebäude der Universität geleiteten und ihm zu Ehren

Professor Karl Schiller 1956
als Rektor der Universität Hamburg.

das traditionelle Studentenlied „Gaudeamus igitur" („Lasst uns also fröhlich sein") sangen. Später, bei einem abendlichen Umtrunk, stemmten sie ihn mitsamt seinem Stuhl in die Höhe, um ihn hochleben zu lassen.

Diese Sympathiebekundungen waren umso bemerkenswerter, als Schiller ein gefürchteter Prüfer war, und, nebenbei bemerkt, überaus empfindlich auf Verstöße gegen die akademische Etikette reagierte. Wenn er aber im Hörsaal A, die Linke lässig in der Hosentasche, vor dem Katheder auf und ab ging und in druckreifen Darlegungen Ökonomie als Verbindung von Theorie und Praxis lehrte, und zwar mit ausdrücklichem Bezug auf das wirtschaftspolitische Tagesgeschehen, waren seine Zuhörer fasziniert. Jede Minute einer solchen Vorlesung empfanden sie als kostbar.

Als Rektor trieb Schiller den Ausbau der Universität, die aus allen Nähten zu platzen drohte, mit unermüdlicher Energie voran. Am 12. November 1958 übergab er sein Amt an den Tropenmediziner Professor Ernst Georg Nauck. Vor der Hamburger Universitätsreform 1969 galt für das Rektorat das sogenannte Amateurprinzip, wonach ein Ordinarius, der die meisten Stimmen auf sich vereinen kann, das Amt für ein Jahr bekommt, in wenigen Ausnahmen für zwei Jahre. Dass Schiller das Amt des Rektors für zwei Jahre innehatte, lag vermutlich an seiner besonders guten Amtsführung. Bei der Amtsübergabe konnte er in seinem Rechenschaftsbericht feststellen, es gebe begründete Hoffnung, dass bis 1964 alle wesentlichen Universitätsbauten, vor allem das Auditorium maximum, fertiggestellt sein würden. Damals hatte die Universität 11 500 Studenten.

Karl Schiller hat als Rektor mit großem Engagement für seinen Standpunkt gekämpft, dass die finanzielle Ausstattung der Hochschulen verbessert werden müsse, auch in der Hansestadt. Zudem bedürfe die Universität einer stärkeren Wahrnehmung in der Öffentlichkeit: „Man muss den Hamburgern zeigen, dass sie eine Universität haben!" Jedoch warnte er zugleich immer wieder davor, die Hochschulen und ihre Funktionsfähigkeit nur unter finanziellen Gesichtspunkten zu sehen. In einem Vortrag vor Altherrenschaft und Studenten des Korporationsverbandes Coburger Convent setzte er sich dezidiert mit diesem Aspekt auseinander: „Geld allein genügt nicht. Es kommt auf den freien Geist an […] Der Geist an unseren Universitäten ist gesund und fortschrittlich, nur in den materiellen Ansprüchen noch nicht, und die einst so programmatisch geforderte Reform ist heute bereits auf dem Wege der Realisierung." Rektor Schiller fand „das innere demokratische Leben […] in Ordnung".[48] Ein Jahrzehnt später hätten die Studenten diese Feststellung zweifellos mit einem Pfeifkonzert bedacht. Befürchtungen in der Studentenschaft, staatliche Stipendien könnten zu einer Gängelung oder jedenfalls zu einem Verlust an Freiheit führen, trat Schiller energisch entgegen. Gewiss war ihm dabei bewusst, dass auch er nur dank eines Stipendiums hatte studieren können: „Wenn wir wollen, dass die Befähigten studieren, dann dürfen wir ihnen nicht die Barriere des mangelnden Geldbeutels ihrer Eltern vorhalten. Darum allein geht es."[49]

Zugleich setzte Schiller sich auch mit einem Thema auseinander, das ein Jahrzehnt später für ihn, für seine Partei und für die deutsche Politik insgesamt noch große Bedeutung bekommen sollte: Im Konkurrenzkampf der politischen Parteien gehe es mittlerweile weniger um Ideologien, sondern darum, wer die beste „Technik", die besten Methoden und Wissenschaftler zur Bewältigung der Gegenwartsaufgaben im Staat habe. Faktisch war diese Aussage eine Aktualisierung der Gründe, die ihn auf dem Höhepunkt der Weltwirtschaftskrise bewogen hatten, sich für das Studienfach Nationalökonomie zu entscheiden. Ein Vierteljahrhundert danach beherrschte dieses Thema sein Denken über Staat und Gesellschaft, und er nutzte jede Gelegenheit, darüber zu sprechen, wenn das Auditorium nur sachverständig genug war. So sagte er in einem Vortrag in München 1956: „Die großen politischen Parteienkämpfe in der freien Welt werden immer weniger um die sogenannten Weltanschauungen ausgefochten. Es geht vielmehr darum: Wer beherrscht am besten, am rationalsten, das heißt am wissenschaftlichsten, die Technik des Wohlfahrtsstaates, die Instrumente zur Steigerung des Sozialprodukts."[50]

Zugleich warnte Schiller jedoch mit großem Nachdruck vor einer Vernachlässigung der Geisteswissenschaften. In dem Aufsatz „Unsere moderne Universität" äußerte er sich dazu mit ungewöhnlichem Engagement, das erkennen lässt, wie wichtig ihm dieses Thema war: „Es ist völlig falsch, die Geisteswissen-

Als Rektor trieb Schiller (links) den Ausbau der Universität energisch voran. Das Bild zeigt ihn bei der Grundsteinlegung des Audimax am 15. Mai 1957 mit Bürgermeister Kurt Sieveking (rechts) und Schulsenator Professor Hans Wenke (hinten).

schaften zwar als förderungswürdig zu erklären, sie jedoch als eine ‚Freizeitangelegenheit' zu betrachten, die ein bloßes Gegengewicht zur Arbeitswelt der Technik sein soll. Nein, die Geisteswissenschaften sind keine ‚Gartenlaube', sie tragen unsere Zivilisation genau so unmittelbar wie die anderen Disziplinen. Geisteswissenschaftliche Waffen der Argumentation, Überzeugungskraft und Vortragskunst sind heute sogar von besonderer Bedeutung für jede Gruppe oder Nation, die im politischen und wirtschaftlichen Kräftespiel bestehen will."
Schiller war der Meinung, die Universität mit ihren sechs Fakultäten und 3000 Professoren, Dozenten, Beamten und Angestellten sei auf einem guten Weg zu jenem „Ideal der intellektuellen Redlichkeit", das Max Weber 1919 in München postuliert hatte. Jedoch habe sie „kein Monopol auf den Geist; sie wünscht die Anregung und den Austausch mit anderen geistigen Produktionszentren. Die Bedingungen der Großstadt führen jedoch leicht dazu, dass man, ohne zusammenzukommen, nebeneinander her lebt."[51] Die Universität fest im öffentlichen Bewusstsein zu verankern, war für ihn eine zentrale Herausforderung.
Aus dem politischen Tagesbetrieb hatte Schiller sich 1957 mit dem Ausscheiden aus der Hamburger Bürgerschaft vorerst zurückgezogen. Aber ein konsequenter Abschied von der Politik für immer war das nicht, wie sich bald zeigen sollte. Wenn es künftig darum ging, wer die „Technik des Wohlfahrtsstaates" am besten beherrsche, hatte er stets einen Personalvorschlag: Karl Schiller. In den Gremien seiner Partei, im Wirtschaftspolitischen Ausschuss beim Parteivorstand etwa, wollte er dafür allerdings nicht werben. Und als die SPD nach der erneuten Niederlage in der Bundestagswahl 1957 endlich daran ging, auf dem Parteitag von Bad Godesberg im November 1959 ihr Programm vom marxistischen Ballast zu befreien und Schillers Positionen weitgehend zu übernehmen, überließ er Heinrich Deist, dem wirtschaftspolitischen Fraktionssprecher, nicht nur das Rednerpult, sondern den ganzen Parteitag. Er hingegen zog es vor, als Tourist durch Asien zu reisen. Die Neuigkeiten aus Bad Godesberg erfuhr er in Bangkok. In der SPD wurde das übel vermerkt. Später meinte er zu den Godesberger Beschlüssen: „Das war damals schon nichts Neues mehr, wir brauchten das nur noch festzuklopfen."[52]

Das neue Grundsatzprogramm interessierte Schiller daher nicht sonderlich. Aufmerksam beobachtete er hingegen, wie sich der Regierende Bürgermeister von Berlin, Willy Brandt (SPD), zielstrebig auf eine bundespolitische Karriere als „Hoffnungsträger" der Sozialdemokraten vorbereitete. Er bemühte sich um ihn und lud ihn sogar, ein Zeichen besonderer Höflichkeit, zu sich nach Blankenese ein. Der Berliner Bürgermeister fand, es sei für ihn von Vorteil, einen mittlerweile so prominenten und

Willy Brandt (1913–1992)
war als Regierender Bürgermeister von Berlin
einer der kommenden Männer in der Sozialdemokratie,
Foto um 1955.

renommierten Ökonomen zu seinen Beratern zählen zu können. Ohnehin war ihm durchaus bewusst, dass die Wirtschaftspolitik nicht gerade zu seinen Stärken zählte.
Am 17. Juni 1961 hielt Karl Schiller in einer Veranstaltung des Allgemeinen Studentenausschusses (ASTA) der Hamburger Universität die Gedenkrede zum Tag der deutschen Einheit. Im Rückblick betrachtet, könnte man meinen, er habe damals geahnt, welche Herausforderung seinen nächsten Lebensabschnitt prägen würde. An diesem Tag sprach nicht der Ökonom, schon gar nicht der Wirtschaftstheoretiker. Stattdessen setzte Karl Schiller sich in sehr subtiler Weise mit den gesellschaftspolitischen Aspekten der deutschen Teilung auseinander. Er analysierte die Befindlichkeit der Deutschen im Osten und

im Westen, und es wirkt heute fast wie eine zur Realität gewordene Prophezeiung, dass er im Hinblick auf das Wohlstandsgefälle zwischen den beiden Teilen Deutschlands mahnte: „Nun, nichts gegen den Wohlstand als solchen. Es wäre allzu billig, diese Stunde zu einer Kapuzinerpredigt gegen den Lebensstandard umzumünzen. Die wachsende wirtschaftliche Wohlfahrt gehört zu unserer freiheitlichen Ordnung, und das ist gut so. Nur sollten wir an diesem Tage erkennen und bekennen, dass unser ökonomischer Hochschwung die politische Seite unseres nationalen Daseins weit hinter sich gelassen hat, dass unser politisches Konto noch schwer belastet ist und dass wir nicht darum herumkommen werden, dort abzutragen und Opfer zu bringen."[53] Allein schon die geistige Spannweite dieser Rede würde Karl Schiller als einen Meister der politischen Analyse ausweisen. Als er sie hielt, waren in der DDR die Planungen für die Abriegelung der Grenzen bereits abgeschlossen. Der Bau der Berliner Mauer stand bevor. Die Folgen des 13. August 1961 sollten auch Karl Schillers Leben einschneidend verändern.

Bewährung in einer bedrohten Stadt

Am 23. Oktober 1961 starb der Berliner Wirtschaftssenator Paul Hertz (SPD). Er hatte bis zuletzt für die geteilte Stadt gearbeitet und war in der Berliner Wirtschaft hoch angesehen. Er war ein Sozialdemokrat, den die Berliner mochten, ein enger Mitarbeiter des legendären Nachkriegsbürgermeisters Ernst Reuter, ein Senator „zum Anfassen", der in die Betriebe ging und die Leute fragte, wo sie der Schuh drückte. Nach dem 13. August lastete auf dem Wirtschaftssenator eine ganz besondere Verantwortung, denn es lag auf der Hand, dass die DDR und ihre „Schutzmacht" Sowjetunion hofften, das nun isolierte Westberlin werde vor allem wirtschaftlich austrocknen und allmählich seine Lebensfähigkeit einbüßen.

Der Regierende Bürgermeister Willy Brandt musste also einen Nachfolger finden, der in der Lage war, der Berliner Wirtschaft neue Perspektiven zu eröffnen und sie auch auf der politischen Handlungsebene umzusetzen. Brandt kam zu dem Ergebnis, Karl Schiller könne dieser Nachfolger sein, denn er hatte in Hamburg in schweren Jahren gute Arbeit geleistet und verfügte daher über Erfahrungen, die er in Berlin verwerten konnte. Er bot ihm den Posten an.

Die Antwort, die er erhielt, war zunächst ausweichend. Schiller war wieder einmal unschlüssig. Erneut ging es darum, was aus seinem Lehrstuhl in Hamburg würde. Dann folgte die Frage nach dem Verbleib der Familie: Ehefrau Annemarie stellte rasch klar, sie werde in der Hansestadt bleiben, um den Kindern den Umzug an die Spree zu ersparen. Vor allem aber Berlin: War die Aufgabe, die er dort übernehmen sollte, überhaupt lösbar? Abermals würde er sich mit den unzähligen Detailproblemen eines Stadtstaates herumschlagen müssen, die ihm schon in Hamburg das Senatorenamt verleidet hatten. Und wie würde sich die Zusammenarbeit mit Willy Brandt und mit den drei westlichen Schutzmächten gestalten? Die wöchentlichen Termine bei dem Regional Economic Officer der britischen Militärregierung in Hamburg hatte er noch in unguter Erinnerung.

Auf viele Fragen gab es zunächst nur wenige Antworten. Schiller suchte Rat bei Axel Springer, der ihm nachdrücklich empfahl, die Aufgabe zu übernehmen, bei Rudolf Augstein, bei Theo Sommer, bei anderen. Die Formel, in die er seine Zusage schließlich kleidete, war die Bereitschaft, in Berlin in schwerer Zeit „helfend einzuspringen", und zwar zunächst bis zur Neuwahl des Abgeordnetenhauses im Januar 1963. Seine Vorlesungen in Hamburg werde er zunächst weiterführen und sich dann von der Universität beurlauben lassen.

Berlin zu helfen – das machte sich damals gut als Motiv. Dahinter standen aber noch andere Beweggründe – darunter die auch durch vage Zusagen genährte Hoffnung, entweder Brandts Nachfolger oder Wirtschaftsminister in einer sozialdemokratisch geführten Bundesregierung zu werden. In jedem Fall, so Schillers Kalkül, werde das Amt eines Wirtschaftssenators in Berlin ihm eine Plattform mit beträchtlicher, auch internationaler Breitenwirkung in der Öffentlichkeit bieten, vielleicht sogar ein Sprungbrett für größere Aufgaben. Die Rechnung sollte aufgehen.

Am 21. Dezember 1961 wurde Karl Schiller als neuer Berliner Senator für Wirtschaft und Kredit vereidigt. Mit ihm traten zwei weitere Sozialdemokraten in den Senat der geteilten Stadt ein: der 46-jährige Pastor Heinrich Albertz, bislang Chef der Senatskanzlei, als neuer Innensenator und der Bundestagsabgeordnete Klaus Schütz als Senator für Bundesangelegenheiten. Die Stimmung in der Stadt, kurz vor dem ersten Weihnachtsfest mit Mauer und Stacheldraht, war trist. Der neue Wirtschaftssenator bekam das sogleich zu spüren. Er wohnte zunächst im Hotel „Savoy". Der Direktor hatte eine Bitte: Ob es ihm viel-

So begann nach der hermetischen Abriegelung des Westsektors am 13. August 1961 der Bau der Mauer in Berlin, hier an der Harzer Straße.

leicht möglich sei, an der Weihnachtsfeier des Hotels teilzunehmen: „Wir haben nämlich außer Ihnen keinen Gast." Der Abend wurde für Karl Schiller zu einer deprimierenden Erfahrung.[54] Gewiss hatte der 13. August in der deutschen Öffentlichkeit zu einer Welle der Solidarisierung mit Berlin und den Bewohnern geführt, aber die harten Tatsachen sahen anders aus. Der damalige Senatssprecher Egon Bahr (SPD) hat sie später präzise beschrieben:

Glückwünsche nach der Vereidigung als neue Senatoren: Klaus Schütz, Karl Schiller, Heinrich Albertz, alle SPD (von links), Foto vom 21. Dezember 1961.

„Solange der Osten den Status quo wollte, konnten wir leben. Wenn ihm einfiel, Berlin zu erpressen, zu schikanieren, auf den Zugangswegen, würde es schnell gefährlich werden. Der ungeregelte deutsche zivile Verkehr war die Achillesferse Berlins. Aus dieser Erpressungssituation kamen wir erst zehn Jahre später heraus mit dem Vier-Mächte-Abkommen. Aber die Wirtschaft wartete nicht so lange. Große Unternehmen mit großen Namen verlegten Firmensitze, Konzernleitungen, Forschungsabteilungen und Konstruktionsbüros nach Westdeutschland, und sie nahmen junge und intelligente Menschen mit. Schering [ein Pharmakonzern, d. Verf.] war die rühmenswerte Ausnahme. Westberlin wurde zu einer verlängerten Werkbank. Die Einwohnerzahlen gingen zurück. Die Geburtsziffern auch […] Quantität und Qualität sanken. Die Altersstruktur verschob sich negativ. Häuser und Grundstücke wurden sehr billig. Es fehlte nicht an Geld, sondern an Vertrauen in die Zukunft der Stadt."⁵⁵ Axel Springer war die andere große Ausnahme unter den Firmenchefs – er war nach Berlin gegangen, und er investierte massiv.

Exakt die von Egon Bahr beschriebene Lage fand Schiller in Berlin vor. Auch persönlich war der Start für ihn eher deprimierend. Westberlin – das war damals vor allem Selbstgenügsamkeit und Provinzialität. Für die Berliner SPD galt das in vollem Umfang. Zwar hatte das Abgeordnetenhaus den neuen Wirtschaftssenator mit überwältigender Mehrheit gewählt, doch war dieses Abstimmungsergebnis keinesfalls gleichbedeutend mit einer ebenso breiten Zustimmung in der Partei. Schiller war noch nicht lange im Amt, die Schonfrist der ersten hundert Tage war noch nicht vorüber, als die Nörgeleien begannen. In der ihm unterstehenden Senatsverwaltung besaßen zahlreiche Mitarbeiter das SPD-Parteibuch, und die Drähte zur Fraktionsführung im Abgeordnetenhaus und zum Landesvorstand waren kurz.

Hatte der Genosse Wirtschaftssenator sich in Berlin sogleich ordnungsgemäß polizeilich angemeldet? Das hatte er nicht, zunächst jedenfalls nicht. Würde er seinen Hauptwohnsitz, seinen Lebensmittelpunkt, an die Spree verlegen, wie man dies doch wohl von einem Mitglied des Berliner Senats erwarten konnte? Schiller ließ vom ersten Tag an keinen Zweifel daran, dass Hamburg-Blankenese sein Hauptwohnsitz bleiben werde. Ohnehin hatte er sich ja die Rückkehr in die Hansestadt vorbehalten. Und wie stand es um seine Kontakte zur Berliner SPD, um seine Mitarbeit in den Gremien der Partei? Die Funktionäre konnten dazu keine positiven Auskünfte geben.

Die Schlussfolgerungen zog niemand offiziell. Aber das vorherrschende Urteil in der Partei über den Wirtschaftsprofessor hatte sich rasch gebildet: mangelnde Treue zu Berlin. In bissiger Abwandlung eines populären Schlagers, der die Sentimentalitäten der geteilten Stadt zum Ausdruck brachte, hieß es damals über Karl Schiller, und nicht einmal hinter vorgehaltener Hand: „Er hat nur einen Koffer in Berlin."

Auf seiner ersten großen Pressekonferenz stellte sich der neue Wirtschaftssenator im Hinblick auf die komplizierte Situation der Stadt als „Anlernling" vor. Er sei „hier ein Novize, allerdings im Hinblick auf meine fünfjährige Hamburger Tätigkeit im ähnlichen Geschäft ein reaktivierter Novize".⁵⁶ Solche Auftritte wurden ihm von seinen Kritikern nicht so sehr wegen der Wortwahl, sondern wegen der Attitüde, die er dabei an den Tag legte, als eitle Kokettiererei mit sich selbst angekreidet. Reine Äußerlichkeiten kamen hinzu. Der jugendlich wirkende Professor in den eleganten Anzügen des Herrenausstatters Lenius am Hamburger Ballindamm, mit dem gelackten Aktenkoffer – welch ein Kontrast zu seinem Vorgänger Paul Hertz! Der „Spiegel" fasste Schillers Start in Berlin treffend und lapidar in einem Satz zusammen: „Der Zuzug aus Hamburg konvenierte nicht."⁵⁷

In Schillers Behörde fielen die dienstlichen Reaktionen nicht freundlicher aus. Kühl und distanziert, dafür mit intellektuellem Anspruch, hatte er die Zügel in die Hand genommen. Seine Beamten bekamen bald zu spüren, dass nun ein anderer Wind wehte. Mitarbeiter zu motivieren, war ihm schon als Hamburger Wirtschaftssenator nicht gelungen, und in Berlin zeigte sich dieses Defizit abermals. Irritiert nahm die Beamtenschaft zur Kenntnis, dass der neue Chef sich mehr von ihm persönlich nahestehenden Ökonomen wie Klaus Dieter Arndt (SPD), einem Abteilungsleiter des Deutschen Instituts für Wirtschaftsforschung, als von den zuständigen Abteilungen seines Hauses beraten ließ.

Der freie Teil Berlins musste nach den Ereignissen des 13. August 1961 seine bisherige Funktion als „Schaufenster der Marktwirtschaft" neu definieren und eine überzeugende Antwort auf die Frage nach seiner künftigen Funktion finden. In seiner ersten programmatischen Rede vor dem Abgeordnetenhaus hat Karl Schiller diese Antwort gegeben – in einer mitreißenden Diktion, die das geistige Format dieses Mannes erkennen ließ und nicht nur die Öffentlichkeit, sondern auch viele seiner internen Kritiker beeindruckte: „Personelle und materielle Berlin-Investitionen in dieser Lage sind ein ganz wesentlicher Beitrag, damit die Gesellschaftsordnung unserer Wahl sich behaupten kann. Gewiss, nicht allein in Berlin wird darüber entschieden. Aber jedenfalls wird hier mehr darüber entschieden als durch Investitionen im Tessin, an der Costa Brava oder in Teneriffa, so sympathisch diese Gefilde uns auch immer sein mögen. So können wir sagen: Berlin ist sicherlich ein Testfall für unser System. Gelingt es hier, die wirtschaftliche Entwicklung weiterzuführen und zur Blüte zu bringen und den sozialen Frieden wie in der Vergangenheit zu erhalten, so wird das eine weithin sichtbare Stärkung unserer gesamten westlichen Ordnung bedeuten. Insofern kann sich jeder einzelne innerhalb und außerhalb Berlins sagen: Es handelt sich hier um Deine Sache."[58]

Im Grunde war es die gleiche Botschaft wie im „Elendsjahr" 1947 in der Denkschrift über Hamburgs wirtschaftliche Zukunft – ein Manifest der Zuversicht: Es gibt eine Lösung für die politischen Krisen. Der Politologe Torben Lütjen hat über Schillers Amtszeit in der geteilten, um ihre Zukunft ringenden Stadt zutreffend geschrieben: „In Berlin enthüllte sich Schillers größtes politisches Talent: Die Frontstadt hatte einen Wirtschaftssenator bekommen, der das Zeug zum massenmedialen Kommunikator hatte. Was Schiller in Berlin tat, war eine erstaunliche politische Inszenierungsleistung, die so geschickt und wortmächtig Wirtschafts- und Gesellschaftspolitik miteinander verknüpfte, wie dies zuvor nur selten geschehen war. Gelungen war ihm dies dadurch, dass er vom ersten Tage an eine wirkungsvolle Grundmelodie fand, die alle seine Reden und sonstigen öffentlichen Auftritte ganz bewusst oder auch manchmal unterschwellig begleitete."[59] Damit hing eng zusammen, dass der Wirtschaftssenator auf der gesamten Klaviatur der Wirtschaftspolitik die psychologischen Tasten meisterhaft anzuschlagen verstand. Der Auftritt im Abgeordnetenhaus ist einer der eindrucksvollen Belege für diesen Befund.

Jedoch wurde Schillers Elan nicht überall von Beifall begleitet. In der Berliner Wirtschaft gab es durchaus Vorbehalte. Nach dem Bau der Mauer 1961 mussten auf einen Schlag 60 000 Arbeitskräfte aus Ostberlin und der DDR, die sogenannten Grenzgänger, ihre bisherigen Arbeitsplätze aufgeben. Für Unternehmen war es aber nicht besonders lukrativ, sich auf einem Arbeitsmarkt anzusiedeln, der einen derartigen Aderlass zu verkraften hatte. Überdies waren neue Firmen auch eine erhebliche Konkurrenz, die vielen Berliner Unternehmern alles andere als willkommen war.

Karl Schiller ließ sich von solchen Einwänden und Widerständen nicht beirren. Berlin, so lautete sein Credo, dürfe nicht in einer Subventionsmentalität erschlaffen, die Stadt müsse sich im Gegenteil dem Wettbewerb stellen und sich darin behaupten. Das wurde nicht überall gern gehört. Indem er Berlin zum Testfall erklärte, auf den die ganze Welt blicke, überwand er solche engstirnigen Bedenken und setzte Energien frei, die ihm Recht gaben.

Die intensiven Überlegungen im Berliner Senat, wie man die Stadt mit „neuen Inspirationen und mit neuen Aufgaben" erfüllen könne, so Schiller in einem Interview[60], führten zu einem Gesamtkonzept mit drei Schwerpunkten: „Einmal Berlin als Kulturzentrum internationalen Ranges, dann Berlin als ein Platz der internationalen Zusammenarbeit auf dem Gebiet der Entwicklungshilfe [...] und drittens soll das Ganze getragen werden durch einen Ausbau der Berliner Wirtschaft, durch eine wirtschaftliche Entwicklung hier in Berlin, die wir so dynamisch wie möglich haben möchten." Konkret bedeutete das „alles, was der weiteren Technisierung, Rationalisierung und Modernisierung der Produktion in Berlin dient".[61]

Schiller setzte diesen Kurs durch, indem er vom ersten Tag an klare Gegenpositionen zu den Auffassungen formulierte, die in den Jahren zuvor in der Berliner Wirtschaft maßgebend gewesen waren. Schon Paul Hertz hatte immer wieder vor dieser Mentalität gewarnt. Eine der ersten Amtshandlungen seines Nachfolgers war, wie damals in der Hamburger Gutachter-Kommission, eine Bestandsaufnahme, und die schloss die Frage nach den Krediten für Investitionen aus dem Marshallplan ein. Die Antwort, die Schiller aus seiner Behörde erhielt, empfand er als typisch für eine Einstellung, die nach seiner festen Überzeugung abgebaut werden musste: „Wir haben ungefähr 136 Millionen Mark für ERP-Kredite dieses Jahr zur Verfügung, und das langt vielleicht."[62] Karl Schiller attackierte daraufhin im Abgeordnetenhaus ein „zünftlerisches Sich-Abschließen". Auch die Warnungen aus der Berliner Wirtschaft, eine forcierte Ansiedlungspolitik werde den ohnehin durch den Ausfall der Grenzgänger geschwächten Arbeitsmarkt noch mehr strapazieren, schob Schiller als unbegründet beiseite. Er hatte recht, denn schon knapp ein Jahr nach dem Bau der Mauer zeigte

sich, dass der Arbeitsmarkt der Stadt viel elastischer war, als es die Bedenkenträger in der Wirtschaft wahrhaben wollten. Die 60 000 Grenzgänger hatten nicht etwa 60 000 offene Stellen entstehen lassen, sondern nur 25 000. Schiller zog daraus die Schlussfolgerung: „Wir brauchen, um das Arbeitskräftepotenzial etwa konstant zu halten, jedes Jahr einen Wanderungsgewinn von ungefähr 15 000 Erwerbspersonen in Berlin."[63] Diese Aussage wurde zu einer der wichtigsten Prämissen für die wirtschaftliche Lebensfähigkeit Westberlins. Ebenso unerlässlich war und blieb jedoch die Unterstützung durch den Bund. Schiller war kategorisch gegen eine Subventionswirtschaft in Berlin, bei der die Einkommen in der Stadt „dadurch gehalten oder erhöht werden, dass laufend aus öffentlichen Mitteln Kaufkraft übertragen wird". Notwendig sei stattdessen ein System von Steuerpräferenzen, um „die außergewöhnlichen Bedingungen dieser Stadt – das sind sie ja, außergewöhnlich – so im positiven Sinne zu korrigieren, dass mit dieser Korrektur die Stadt weitgehend aus sich selbst leben kann und ihre produktiven Leistungen steigern kann".[64] Auf eine simple Formel gebracht, war das der Grundsatz „Hilfe zur Selbsthilfe".
Die möglichst enge wirtschaftliche Verflechtung zwischen Berlin und dem westdeutschen Bundesgebiet war dafür eine unerlässliche Voraussetzung. Von der gesamten Industrieproduktion Westberlins wurden damals 68 Prozent nach Westdeutschland geliefert, zwölf Prozent in das westliche Ausland, 18 Prozent entfielen auf den Westberliner Eigenverbrauch, und nur zwei Prozent gingen in den Ostblock. Das gesamte Sozialprodukt Westberlins betrug 1962 rund 13 Milliarden Mark. Die wirtschaftliche Zukunft der Stadt – das war für Karl Schiller die „Kombination von dynamischer Marktwirtschaft und Wohlfahrtsstaat".[65] Beides möglichst effizient zu gestalten war die große Herausforderung für die Politik. Tatsächlich ging es darum, die Quintessenz des Münchner Vortrags aus dem Jahr 1956 auf das geteilte Berlin anzuwenden, denn hier, an der Schnittstelle zweier konkurrierender Systeme, unter den Augen der Weltöffentlichkeit, war „fast alles Politik".[66]
Unerlässlich war nach Schillers Grundüberzeugung die wissenschaftliche Analyse und Durchdringung der Probleme, um die es ging. Vorbild hierfür war das Politikverständnis des US-Präsiden-

ten John F. Kennedy, der sich mit einem Beraterstab von „eggheads", von jungen Intellektuellen aus Harvard und Princeton, umgeben hatte. Karl Schiller wollte vor allem diese Leute kennenlernen, als er Anfang Mai 1962 zu einer elftägigen Reise in die Vereinigten Staaten startete. Die Konstellation veranlasste General Lucius D. Clay, den Sonderbeauftragten des Präsidenten in Berlin, zu dem leicht ironischen Kommentar: „Er passt so gut zu den Eierköpfen im Weißen Haus, dass man ihn sicher gleich dort behalten wird."[67] Schiller traf in Washington nicht nur die „Eierköpfe", sondern auch den Präsidenten, der ihn im Weißen Haus empfing – eine Audienz, die den Gast aus Berlin tief beeindruckte. Er sollte John F. Kennedy noch mehrfach begegnen, denn die entscheidenden Männer in Washington wollten sich aus erster Hand über Berlins „viability" informieren, die Lebensfähigkeit der Stadt – eines der drei „essentials" der westlichen Berlin-Politik neben dem freien Zugang nach Westberlin sowie der rechtlichen und ökonomischen Bindung an die Bundesrepublik Deutschland. Der Wirtschaftsprofessor aus dem Berliner Senat war dafür in ihren Augen der beste Ansprechpartner.

Solche Besuche waren wichtig für die politischen und persönlichen Beziehungen zwischen dem mächtigsten Mann der USA, von dem das Schicksal Westberlins letztlich abhing, und den verantwortlichen Politikern im Schöneberger Rathaus. Bewähren sollten sie sich besonders in einer Phase der Weltpolitik, die den Dritten Weltkrieg zu einer höchst realen Gefahr werden ließ – der Kuba-Krise. In jenen dramatischen Tagen Ende Oktober 1962 erlebte Karl Schiller ein Berlin, das wie kaum eine andere Stadt in der Welt gefährdet war. Denn man musste damit rechnen, dass Chruschtschow die geteilte Stadt als Druckmittel benutzen würde, um die Konfrontation mit Amerika zu seinen Gunsten zu entscheiden. Präsident John F. Kennedy warnte Berlins Regierenden Bürgermeister Willy Brandt in einer persönlichen Botschaft ausdrücklich vor einer solchen Eventualität. Die Antwort, die er erhielt, beeindruckte ihn und seine Sicherheitsberater, denn sie erreichte ihn unverzüglich, und sie bekundete Verständnis für seine Situation: Die Rücksicht auf Berlin dürfe ihn nicht daran hindern, so ließ Willy Brandt den Präsidenten wissen, entsprechend seiner größeren Verantwortung zu entscheiden.

Im Berliner Senat richtete man sich daher auf den schlimmsten Fall ein – einen bewaffneten Konflikt um die Stadt. Egon Bahr: „Ernsthaft überlegten wir zum ersten Mal, ob es in einer solchen Situation, in der es um alles geht, nicht richtig wäre, über alle erreichbaren Sender zum Aufstand in der Zone aufzurufen und die Volksarmee dazu, Befehle zum Einsatz gegen Berlin zu verweigern und die Gewehre umzudrehen. Wir waren 1962 überzeugt, ein solcher Aufruf wäre befolgt worden, hätte mindestens ein Instrument unbrauchbar gemacht und sowjetische Streitkräfte gebunden, für Verhandlungen vielleicht wichtige Stunden gewonnnen."[68]

Etwas von der damaligen Nervenbelastung klang noch nach, als Schiller wenig später, am 3. Dezember 1962, in einem Vortrag vor dem Hamburger Übersee-Club zum Thema „Politik und Wirtschaft in Berlin" sprach und seinem Auditorium zu verstehen gab: „Denken Sie auch daran: In der Kuba-Deklaration des Präsidenten Kennedy wurde neben dem akuten Hauptthema ausdrücklich und allein Berlin erwähnt; und persönliche Mitteilungen ergingen in jenen Krisentagen an unseren Regierenden Bürgermeister und unterstrichen das ‚commitment'."[69] Was aber die Lebensfähigkeit der geteilten Stadt anging, so konnte der Berliner Wirtschaftssenator in diesem Vortrag feststellen: „Berlin hat sich erneut behauptet […] Die Ziffern der industriellen Produktion und der Spartätigkeit liegen heute alle über dem Niveau der Zeit vor der Mauer, und die Wanderungsbilanz zwischen Westberlin und Westdeutschland ist hinsichtlich der Erwerbspersonen zeitweilig durch einen leichten Überschuss gekennzeichnet."[70] Aber die Stadt dürfe, auch daran ließ Schiller keinen Zweifel, in ihren Anstrengungen zur Zukunftssicherung nicht nachlassen: „Unter diesen Umständen müssen wir in Westberlin mehr Wohnungen schaffen, Fabriken erweitern, neue Fabriken gründen, mehr Waren produzieren, kurzum jenen hoch entwickelten und hoch komplizierten Organismus einer modernen Wirtschaftsregion von 2,2 Millionen Einwohnern lebendig erhalten und ausbauen."[71] Eine offensive, auf Wachstum zielende Strategie statt einer Konzeption, die sich im Status quo einzurichten gedachte – das war die Botschaft.

Es war ein eindrucksvoller Vortrag. Den exzellenten Nationalökonomen Karl Schiller kannte man. Aber an diesem Abend

stand ein Mann am Rednerpult des Übersee-Clubs, der in seinem ersten Amtsjahr in Berlin gelernt hatte, über die Dimensionen der Wirtschaft hinaus zu blicken und das auch offen verlauten ließ: „Und im Laufe der Arbeit dieses Jahres in Berlin ist mir eines immer klarer geworden: die Einheit […] des ökonomischen und politischen Problems Berlin in seinem Verhältnis zur Bundesrepublik."[72]
Das war der Kontext für die im Berlin-Hilfe-Gesetz zusammengefassten Förderungsmaßnahmen der Bundesregierung zugunsten der geteilten Stadt. Ihr Volumen belief sich nach Abzug der Berliner Steuerzahlungen an den Bund auf 2,5 Milliarden DM pro Jahr. Dieses „Berlin-Paket" bestand aus sorgfältig aufeinander abgestimmten Maßnahmen: Zuschüssen zum Berliner Haushalt, Steuererleichterungen zur Erhöhung der Arbeitseinkommen, zur Erleichterung von Investitionen im gewerblichen Bereich und im Wohnungsbau, aber auch zur Absatzförderung durch Umsatzsteuerbefreiung. Dieses „Bukett", wie Schiller es nannte, hat sich als überaus wirksam erwiesen. In seinem Vortrag vor dem Übersee-Club konnte er feststellen, dass der industrielle Produktionsindex in Westberlin im September 1962 um sieben Prozent über dem vom September 1961 lag, und dies trotz des Wegfalls der 60 000 Grenzgänger aus dem Osten. Also lag die Produktivitätsentwicklung pro geleisteter Arbeitsstunde deutlich höher als in Westdeutschland. Nicht ohne Stolz sprach Schiller von einem „Berliner Sprung".
In der Administration des US-Präsidenten sah man diese Entwicklung bei allen Schwierigkeiten, die in Berlin immer wieder zu überwinden waren, mit großer Genugtuung. Der Berliner Wirtschaftssenator, der für diese Fortschritte die Ressortverantwortung trug, war in Washington ein gern gesehener Gast. Bei seinem letzten Besuch in der amerikanischen Hauptstadt als Berliner Senatsmitglied im November 1963 war, wie Schiller der Journalistin Renate Merklein später berichtete, im Weißen Haus ein Treffen mit Kennedys Sicherheitsberater McGeorge Bundy vorgesehen, das auch zustande kam. Am Schluss des Gesprächs meinte Bundy eher beiläufig, ob Schiller nicht noch kurz bei dem Präsidenten vorbeischauen wolle. Diese Unterredung mit Kennedy 14 Tage vor den tödlichen Schüssen in Dallas kam völlig zwanglos zustande. Kennedy begrüßte den Gast aus der geteilten

Stadt durch die offene Tür: „Ich sitze gerade über Berlin-Papieren." Das improvisierte Treffen endete, indem er um seinen Schreibtisch herumging, um Schiller zu verabschieden und noch einmal für den überwältigenden Empfang während seines Berlin-Besuchs am 26. Juni zu danken. Schiller war von der Spontaneität dieser Begegnung tief beeindruckt und hat später immer wieder darauf verwiesen, dass er der letzte Besucher aus Deutschland gewesen sei, den Kennedy empfangen habe.

John F. Kennedy, Willy Brandt und Konrad Adenauer am 26. Juni 1963 in Berlin vor dem Brandenburger Tor.

Bei allen Erfolgen erlebte Karl Schiller in Berlin auch herbe Enttäuschungen, die bis ins Persönliche hineinreichten. Er war, nach seiner eigenen Bekundung, als „Brandt-Mann" an die Spree gekommen. Damit hatte er Hoffnungen verbunden, die sich als Illusion erweisen sollten. Da er eitel und überaus empfindlich war, trafen ihn derartige negative Erfahrungen besonders. Da war zum Beispiel die Sache mit den „Sonnabend-Gesprächen". Regelmäßig zum Wochenende trafen sich der Regierende Bürgermeister Willy Brandt, Senatssprecher Egon Bahr, Innensenator Heinrich Albertz und Bundessenator Klaus Schütz zum zwanglosen, aber politisch entscheidenden Gedankenaustausch. Faktisch wurden in diesem Zirkel die Weichen gestellt. Der Wirtschaftssenator wurde nicht hinzugezogen.

Eine weitere Enttäuschung war der Dauerkonflikt mit Heinrich Albertz. Willy Brandt hatte nach seinem grandiosen Erfolg bei der

Wahl zum Abgeordnetenhaus am 17. Februar 1963 (die SPD erhielt 61,7 Prozent der Stimmen) beschlossen, sich stärker in der Bundespolitik zu engagieren. Um sich in Berlin zu entlasten, übertrug er Albertz mit dem Amt des Zweiten Bürgermeisters einen erheblichen Teil seiner Berliner Aufgaben. Die logische Folge war, dass Albertz bald als Willy Brandts designierter Nachfolger galt. Das machte Schillers Hoffnungen auf dieses Amt zunichte und tangierte auch seine Beziehungen zu Brandt. Er hatte immer wieder betont, einen Ausdruck aus der Berliner Textilbranche aufgreifend, er wolle mit dem Regierenden Bürgermeister nicht über einen „Zwischenmeister" verkehren, und verfuhr entsprechend, indem er Albertz überging. Das Ergebnis waren fortwährende Spannungen zwischen beiden Senatskollegen, unter denen auch das Verhältnis zwischen Brandt und Schiller litt.

Dessen Reputation in der Berliner SPD hatte sich trotz seiner unbestreitbaren Leistungen als Wirtschaftssenator nicht verbessert. Er galt als die „Callas der SPD", man kreidete ihm Starallüren an, aus seiner Behörde wurden Vorgänge kolportiert, aufgrund derer ihm ein Verhalten „nach Gutsherrenart" attestiert wurde, und er selbst tat wenig bis nichts, um solchen Zuträgereien den Boden zu entziehen. Es blieb die Distanz zwischen dem Senator Professor Dr. Karl Schiller und den Genossen an der Basis mit Bodenhaftung und häufig auch schlichtem Gemüt. Schiller erwiderte die Animositäten aus der Partei durchaus, sie hatten auch deutliche Auswirkungen auf die Zusammenarbeit im Senat. Schon damals zeigte sich ja, was dann 1967 offen zu Tage trat: Heinrich Albertz war als zukünftiger Nachfolger von Willy Brandt persönlich überfordert. Das führte immer wieder zu Zankereien im Senat, die bei Schiller Frust und Resignation erzeugten.

Im Februar 1964 geriet Schiller wegen seiner „Berlin-Müdigkeit" in die Schlagzeilen. Sein bevorstehender Rücktritt wurde zu einem öffentlichen Thema, und er trug erheblich dazu bei, indem er die Frage, ob er gehe oder bleibe, in der Schwebe hielt und sich nicht klar erklärte. Für Willy Brandt war die Situation insofern schwierig, als sich der hoch angesehene SPD-Kronjurist und Senator für Wissenschaft und Kunst, Adolf Arndt, definitiv entschlossen hatte, den Berliner Senat zu verlassen. Schon spekulierten die Medien über eine „Senatskrise", und in Bonn kommentierte der stellvertretende Parteivorsitzende Herbert Wehner diese Vorgänge in Berlin mit der knurrenden Feststellung, man wisse ja, dass Willy Brandt von Menschenführung nichts verstehe. In der Berliner SPD verlangte man im Hinblick auf das Senatsmitglied Karl Schiller endlich Klarheit. Am 18. Februar 1964 beauftragte die Fraktion den Regierenden Bürgermeister ganz offiziell, „geeignete Sach- und Personalvorschläge" für die Nachfolge Arndts vorzulegen und „die Frage des Verbleibens von Wirtschaftssenator Prof. Karl Schiller in Berlin zu prüfen". Brandt teilte den Abgeordneten daraufhin mit, Schiller habe vor den SPD-Führungsgremien erklärt, wenn er „am Portepee gepackt" werde, dann werde er auch weiterhin seine Pflicht tun.

Karl Schiller blieb. Den Ausschlag hatte ein langes, klärendes Gespräch mit Willy Brandt gegeben, und überdies hatte sich aus Bonn Herbert Wehner mit einem mahnenden Brief an Schillers Adresse eingeschaltet. Jedoch gab es in der Berliner Öffentlichkeit immer wieder Gerüchte über eine Demission des Wirtschaftssenators. Sie entstanden auch deshalb, weil Schiller häufig durchblicken ließ, welchen Reiz sein Hamburger Lehrstuhl für ihn habe. Für die Berliner Wirtschaft verantwortlich zu sein, war gewiss mit einer enormen Arbeitslast verbunden. Die humanitären Probleme, vor denen die von Mauer und Stacheldraht gezeichnete Stadt stand, vor allem die mühseligen Passierscheinverhandlungen mit der DDR-Regierung, kamen hinzu, denn sie tangierten den gesamten Senat. In Berlin war eben „fast alles politisch".

Indessen gab es damals in Berlin auch einen weitgehend unpolitischen Karl Schiller – den Musenfreund. Seit seinen Jugendtagen literarisch interessiert und kenntnisreich, suchte und fand er an der Spree Kontakt zu prominenten Schriftstellern. Seine „Strohwitwer-Wohnung" in einem Dachgeschoß am Olivaer Platz wurde zu einem Treffpunkt für Literaten, bei dem es völlig ungezwungen zuging. Über Politik sprach man, wenn überhaupt, nur am Rande. Zu den Literaten gehörten Hans Werner Richter und Siegfried Lenz, Christian Ferber und Walter Höllerer, Ernst Schnabel und der Verleger Klaus Wagenbach, vor allem aber der bereits zu Ruhm gekommene Günter Grass, den Schiller auf einem Empfang im Schloss Charlottenburg kennengelernt hatte. Beide freundeten sich an, verkehrten auch privat miteinander. So war der Wirtschaftssenator Gast bei der Taufe des jüngsten Sohnes von Grass, Bruno Thaddäus. Auch zu gemeinsamen Urlaubstagen fand man sich später zusammen, so im Sommer 1966 im Tessin. Das war eine fröhliche Zeit, an die Schiller sich später mit Vergnügen erinnerte: „Wir haben die Dörfer auf den Kopf gestellt."[73] Grass fand damals, Schiller sei ein sehr anregender Gesprächspartner. Aber es war auch

Wahlkampfhelfer für Willy Brandt und die SPD:
Agnes Fink, Ingeborg Bachmann, Rut Brandt (vorne von links);
Bernhard Wicki, Fritz Kortner, Hans Werner Henze,
Günter Grass, Willy Brandt und Karl Schiller (stehend von links),
Foto vom 5. September 1965.

Berechnung im Spiel. Das zeigte sich, als er im Juni 1965 bei Schiller sondieren ließ, ob der Senat ihm steuerlich entgegenkommen könne. Er hatte seinen Steuerbescheid für 1963 erhalten und sollte eine Nachzahlung leisten. Nun verlangte er einen zusätzlichen Freibetrag als indirekten Entgelt für die zahlreichen repräsentativen Verpflichtungen, die er im Interesse Berlins wahrnehme. Auch ließ er durchblicken, dass er die Stadt andernfalls werde verlassen müssen. Der Freibetrag wurde Grass schließlich gewährt.[74]

In Karl Schillers Domizil wurde auch eine Idee geboren und aus der Taufe gehoben, die vor allem auf Günter Grass zurückging – das „Wahlkontor Deutscher Schriftsteller" in Berlin, ein Büro, in dem sich Literaten zusammenfanden, um die SPD im Bundestagswahlkampf 1965 zu unterstützen. Es ging darum, für prominente SPD-Politiker Reden zu schreiben und griffige Slogans zu entwickeln. Schiller unterstützte dieses Vorhaben nach Kräften und fuhr selbst mit nach Bonn, um den skeptischen SPD-Strategen Herbert Wehner zu überzeugen, was auch gelang. Und Schiller engagierte sich nicht nur in dieser Sache. Er begleitete Grass auch bei dessen privaten Wahlkampfreisen durch deutsche Universitätsstädte. Doch sein Verhältnis zur Berliner SPD besserte sich dadurch nicht.

Am 7. März 1964 war Heinrich Deist gestorben, der wirtschaftspolitische Sprecher der SPD im Bundestag. Im Parlament hatten ihn alle Fraktionen respektiert, in der Partei war er beliebt. Schiller übernahm nun die Leitung des Wirtschaftspolitischen Ausschusses beim SPD-Parteivorstand. Er hatte zu diesem Zeitpunkt längst bundesweit Profil als SPD-Wirtschaftsexperte gewonnen – nicht nur durch sein Amt in Berlin, sondern ebenso durch seine weithin beachteten Auftritte auf den Parteitagen. 1962 in Köln hatte er ein Nationalbudget gefordert, und 1963 in Essen hatte er das zentrale Referat über „Stetiges Wirtschaftswachstum als ökonomische und politische Aufgabe" gehalten. Nun stand wieder ein SPD-Parteitag bevor, der vom 23. bis zum 27. November 1964 in Karlsruhe stattfinden sollte. Es war in der Berliner SPD nicht möglich, den sozialdemokratischen Wirtschaftssenator Karl Schiller als stimmberechtigten Delegierten nach Karlsruhe zu entsenden; allerdings war er daran nicht ganz unschuldig. So trat er auf dem Parteitag mit einem Gaststatus auf. Das war umso grotesker, als in Karlsruhe eine SPD-Regierungsmannschaft nominiert wurde, der Schiller für das Ressort Wirtschaft angehörte. Willy Brandt hatte das gegen erhebliche Widerstände durchgesetzt, und Herbert Wehner war ihm dabei behilflich gewesen. Vor allem den Finanzexperten Alex Möller hatten sie überzeugen müssen. Brandt und Wehner vertrauten darauf, dass Schiller für die SPD bürgerliche Wählerschichten erschließen werde, die den Sozialdemokraten bislang skeptisch oder ablehnend begegneten, vor allem im Mittelstand.

Das Verhältnis zwischen Karl Schiller und der Berliner SPD war nach dem Parteitag auf einem Tiefpunkt. In der Partei nahm man daher Ende Dezember 1964 mit Erleichterung zur Kenntnis, dass der Wirtschaftssenator in einem Gespräch mit dem Regierenden Bürgermeister sein Ausscheiden für Ende März angekündigt hatte. Beide hatten sich auf die Lesart verständigt, Schiller verlasse den Senat in „freundschaftlicher Übereinstimmung", um bei einem SPD-Wahlsieg im Herbst 1965 neuer Bundeswirtschaftsminister zu werden. Für den Fall einer Wahlniederlage werde er als Bundestagsabgeordneter nach Bonn

Springer-Verlagsmanager Peter Tamm (links) erläutert Wirtschaftssenator Karl Schiller und Stadtrat Brunner die Baupläne des Verlages in der Kochstraße, Foto vom 30. Oktober 1965.

gehen und außerdem seine Lehrtätigkeit an der Hamburger Universität wieder aufnehmen.

Schiller hatte die SPD-Führung zuvor über seine „bescheidene Jugendvergangenheit" informiert – so umschrieb er damals seine Rolle während der NS-Zeit. Brandt attestierte ihm, er finde diesen Punkt „ganz lächerlich", und Günter Grass kam ihm mit dem Hinweis zu Hilfe, irgendwo müssten die sechs Millionen NSDAP-Mitglieder ja schließlich geblieben sein. Offen blieb die alles andere als unwichtige Frage, auf welcher Landesliste Schiller für den Bundestag kandidieren wollte. Freilich galt es als wahrscheinlich, dass die Hamburger SPD ihn aufstellen werde. Doch selbst in dieser Situation erzeugte Karl Schiller Verwirrung. Mit Verblüffung las man in der SPD-Führung, dass er öffentlich dementierte, es gebe ein klares Datum für die bevorstehende „Veränderung" (von einem Ausscheiden sprach er ausdrücklich nicht). Es gehe hingegen darum, wie man eine „bestmögliche Regelung im Hinblick auf meine stärkere bundespolitische Tätigkeit herbeiführen" könne, und im Übrigen bestehe „gar kein Anlass, diese Angelegenheit jetzt sensationell hochzuspielen". Er müsse „mit Erstaunen konstatieren, dass falsche Informationen […] anscheinend wieder eine Rolle spielen".[75] Die Adressaten dieser Bemerkung waren ziemlich eindeutig im Schöneberger Rathaus und im Berliner SPD-Landesvorstand auszumachen. Karl Schiller war wieder einmal im Zweifel, ob er die richtige Entscheidung getroffen hatte. Doch die Würfel waren gefallen, sein Wechsel in die Bundespolitik stand fest. Zu einer Bundestagskandidatur kam es indessen weder in Hamburg noch in Nordrhein-Westfalen. Am 19. September 1965, dem Tag der Bundestagswahl, wählte das Abgeordnetenhaus den Wirtschaftssenator auf der Grundlage der für Berlin geltenden Sonderregelungen zum Bundestagsabgeordneten. Bundeskanzler Ludwig Erhard war der eindeutige Wahlsieger, doch immerhin verbesserte die SPD ihr Ergebnis um 3,1 Prozentpunkte auf 39,3 Prozent. Die Stärkeverhältnisse im neuen Bundestag waren indes eindeutig: Die bisherige Koalition der Unionsparteien mit der FDP besaß mit 251 und 50 Mandaten eine komfortable Mehrheit. Auf die SPD entfielen 217 Sitze (mit Westberliner Sitzen). Schiller zauderte abermals. Erst eine Woche nach der Wahl, am 25. September, stellte er öffentlich klar, er werde sein Bundestagsmandat annehmen, und trat als Wirtschaftssenator zurück. Der geschlagene SPD-Kanzlerkandidat Willy Brandt hingegen erklärte deprimiert seinen Verzicht auf eine erneute Kandidatur und blieb Regierender Bürgermeister in Berlin.

Karl Schiller konnte eine imponierende Bilanz seiner Arbeit in Berlin ziehen. Er habe 1962 für die Stadt ein expansives Wirtschaftsprogramm vorgelegt und durchgesetzt: „Wenn ich heute auf die wirtschaftliche Entwicklung in Berlin seit Anfang 1962 zurückblicke, so glaube ich doch, dass man sagen kann, dass wir in Berlin wirtschaftlich gut vorangekommen sind. Wir haben den Schatten der Mauer wirtschaftlich längst überwunden."[76] Tatsächlich hatte sich das Bruttoinlandsprodukt Westberlins von 13 Milliarden Mark im Jahr 1962 auf fast 18 Milliarden Mark im Jahr 1965 erhöht, und das war selbst bei Berücksichtigung der in dieser Zeit eingetretenen Preissteigerungen ein enormer Anstieg. Das freie Berlin hatte seine Lebensfähigkeit eindrucksvoll bewiesen, und unzweifelhaft hatte Karl Schiller dazu einen gewichtigen Beitrag geleistet. Im neu gewählten Bundestag wollte er sich nun vor allem der Bekämpfung der Inflation widmen. Mit seinem Wechsel in die Bundespolitik begannen glanzvolle Jahre. Sie führten ihn zum Zenit seiner Karriere.

Aufschwung nach Maß

Zunächst war Karl Schiller nun wieder ein „Novize", wie vier Jahre zuvor in Berlin. Doch sein Name hatte inzwischen weit mehr politisches Gewicht. Das sah auch die neue SPD-Bundestagsfraktion so, denn sie wählte ihn auf Anhieb zu einem der stellvertretenden Fraktionsvorsitzenden. Diese herausgehobene Funktion war aus seiner Sicht jedoch kein Ausdruck besonderer Wertschätzung, sondern eher die angemessene, im Grunde selbstverständliche Einordnung seiner Person. Die Bundestagsverwaltung hingegen, so fand er, hatte es daran fehlen lassen, denn sie hatte ihm jedenfalls für die ersten Wochen ein Büro zugewiesen, das er sich mit einem Kollegen aus Hamburg teilen sollte: Helmut Schmidt. Schiller hielt das für eine unselige Idee, und er zog daraus sogleich Konsequenzen: Er räumte das Feld und übersiedelte in das Bundeshaus-Restaurant, wo er kurzerhand einen Tisch requirierte und darauf seine Unterlagen deponierte. Seine Post ließ er mehrmals am Tag durch einen Assistenten aus dem Büro holen.

Das Verhältnis zwischen Karl Schiller und Helmut Schmidt war unverändert schwierig. Das lag zum Teil an den belastenden Erinnerungen an ihre gemeinsame Zeit in der Hamburger Wirtschaftsbehörde. Seither war viel geschehen. Einen Namen hatten sich beide gemacht – Helmut Schmidt als Hamburger Innensenator während der Flut-Katastrophe von 1962, Schiller als Berliner Wirtschaftssenator bei der Bewältigung der Folgen des Mauerbaus. Längst verkehrten sie auf Augenhöhe miteinander, und das in einer durchaus wechselhaften Tonlage. Beide waren ehrgeizig, überaus sensibel, und beide waren sich ihrer Konkurrenzsituation bewusst. Jedoch vermieden sie sorgfältig Zuspitzungen mit irreparablen Folgen. Ohnehin mussten nun im Fraktionsvorstand persönliche Animositäten und Rivalitäten hinter der gemeinsamen Aufgabe zurücktreten, der SPD in der erneuten Oppositionsrolle ein schärferes Profil und mehr Angriffslust zu geben.

Das war alles andere als einfach, denn die SPD-Führung, vor allem der Parteivize und Chefstratege Herbert Wehner, hatte sich bereits vor der Bundestagswahl 1965 auf sehr diskrete Sondierungsgespräche mit einflussreichen Christdemokraten eingelassen, zu deren Wortführern der damalige Bundeswohnungsbauminister Paul Lücke, sein Kabinettskollege Heinrich Krone und der CSU-Abgeordnete Karl Theodor Freiherr von und zu Guttenberg gehörten. Diese Unionspolitiker traten für ein Bündnis mit der SPD ein, um auf der Basis einer Großen Koalition Problemlösungen anzugehen, die sie für staatspolitisch lebenswichtig hielten. Dazu gehörten besonders die Einführung des Mehrheitswahlrechts, eine Notstandsverfassung und die Finanzreform. Herbert Wehner sah darin eine sehr willkommene Möglichkeit, seine Partei aus der Oppositionsrolle herauszuführen. Die Gespräche darüber dauerten an, also verboten sich allzu scharfe Angriffe auf die CDU/CSU, um das Fundament einer möglichen Zusammenarbeit nicht zu beschädigen, bevor sie überhaupt in greifbare Nähe gerückt war. Das erforderte Behutsamkeit, Augenmaß und rhetorisches Geschick.

Für diese Aufgabe empfahl sich vor allem Karl Schiller. Seine neue Rolle als wirtschaftspolitischer Sprecher der SPD-Fraktion war dafür fast ideal, denn sie ermöglichte ihm eine politische Stoßrichtung, die nicht so sehr auf die Unionsparteien, sondern vor allem auf Bundeskanzler Ludwig Erhard abzielte. Der Regierungschef, der 1963 gegen den erbitterten Widerstand seines Vorgängers Konrad Adenauer ins Amt gekommen war, hatte in den ersten beiden Jahren seiner Kanzlerschaft erhebliche Anfeindungen aus den eigenen Reihen erlebt, die der SPD-Führung natürlich nicht verborgen geblieben waren. In der Bundestagswahl vom 19. September 1965 hatte er zwar einen zahlenmäßig

überzeugenden Sieg errungen, und die Koalition der CDU/CSU mit der FDP konnte sich auf eine breite Mehrheit stützen. Aber Erhard sah sich in seiner selbst gewählten Rolle als Volkskanzler bestätigt und wollte nicht wahrhaben, dass sein Sieg eben nicht gleichbedeutend mit einer Festigung seiner Machtbasis war. Jetzt rächte sich, dass er in der eigenen Partei ohne Hausmacht war und sich darum auch nie bemüht hatte. Paul Lücke, inzwischen Bundesinnenminister, von tiefem Misstrauen gegen den Koalitionspartner FDP erfüllt und mehr als je zuvor Verfechter einer Großen Koalition, warb in seiner einflussreichen Position für seine Pläne. Der Wahlsieg hatte die tiefen Zweifel an dem Politik- und Regierungsstil Ludwig Erhards nicht beseitigt. Der greise Parteipatriarch Konrad Adenauer beispielsweise eröffnete das Gespräch mit einem Journalisten, der zum Interview erschienen war, mit der sarkastischen Bemerkung: „Reden wir über ernsthafte Politik oder über Kanzler Erhard?"[77] Und Bundestagspräsident Eugen Gerstenmaier (CDU) entließ den Kanzler aus der Debatte über die Regierungserklärung mit der süffisanten Bemerkung: „Herr Bundeskanzler, ich unterstelle, dass Sie jetzt ans Regieren kommen wollen."[78] In der Klatschmetropole Bonn kursierten damals Geschichten über den Arbeitsstil des Regierungschefs, deren Quintessenz die Erkenntnis war: Überall in den politischen Quartieren der rheinischen Residenz waren Konkurrenten Erhards am Werke – in Paul Lückes Innenministerium, in der Fraktionsführung der Unionsparteien, wo der Fraktionschef Rainer Barzel auf dem Sprung stand, im Auswärtigen Amt, wo Außenminister Gerhard Schröder (CDU) ebenfalls auf eine günstige Gelegenheit wartete, um Erhard zu beerben, in Herbert Wehners Strategieschmiede, dem SPD-Hauptquartier, in der sogenannten „Baracke". Nur im Palais Schaumburg, dem Bundeskanzleramt, herrschte ein Routinebetrieb, bei dem der Kanzleramtsminister Ludger Westrick, intern „der Flaschenhals" genannt, seinen Chef Erhard rigoros abschottete. Und wenn der Kanzler seine Sportzeitschrift las, mochte er ohnehin nicht gestört werden.
Vier Tage debattierte der neu gewählte Bundestag Anfang Dezember 1965 über Ludwig Erhards Regierungserklärung. Er hatte dem Parlament Mitte November eine zweistündige, langatmige Vorlesung über das von ihm und seinen Beratern ent-

worfene Dunstgebilde einer „Formierten Gesellschaft" vorgetragen, die ihre Konflikte durch Einsicht und Selbstverantwortung lösen könne. Dabei gab es einen Zwischenfall: Von der Zuschauertribüne rief ein invalider Bergmann aus Bochum dem Kanzler zu: „Du bist ja bescheuert!" Natürlich war das ein Verstoß gegen die Würde des Hohen Hauses, und Saaldiener entfernten den an Silikose [Steinstaublunge] leidenden Frührentner sogleich. Aber dieser Eklat hatte Gründe, und die

Bonner Politgespräche 1965:
Herbert Wehner, Karl Schiller, Egon Franke (von links).

waren symptomatisch: Der Kanzler hatte mit seiner „gesellschaftspolitischen Harmonielehre" exakt das Thema verfehlt, zu dem die Deutschen etwas hören wollten. Angesichts von zwei Währungszusammenbrüchen innerhalb von drei Jahrzehnten trieb die Menschen die Angst vor der Geldentwertung um. Die Inflation drohte zu steigen; im Juli 1965 hatte sie bereits die Vier-Prozent-Marke überschritten. Erhards Appelle des Maßhaltens waren nicht gefragt. Die deutsche Öffentlichkeit wollte nicht wissen, welche Seelenmassage die Bundesregierung zu veranstalten gedenke, sondern welche konkreten Maßnahmen sie gegen die überbordende Preisentwicklung einleiten werde. Mehr noch: Von der Regierung wurde auch Auskunft darüber gefordert, wie sie den durch expansive Bewilligungen aus dem Lot geratenen Bundeshaushalt wieder in Ordnung bringen wolle.

Aufschwung nach Maß 113

Man muss sich diese politisch-psychologische Gemengelage und die daraus resultierende Erwartungshaltung vor Augen halten, um zu verstehen, was sich am Abend des 29. November 1965 im Plenarsaal des Bonner Bundeshauses zutrug. Dort spielte sich nicht nur eine parlamentarische Szene ab. Der Bundestag erlebte vielmehr das brillante Debüt eines großen Ökonomen auf der bundespolitischen Bühne.

Es gibt keine bessere Beschreibung als jene, die damals im Nachrichtenmagazin „Der Spiegel" zu lesen war: „Von der vorderen SPD-Bank erhob sich ein schmächtiger Eierkopf-Typ, braune Hornbrille, Twen-Kleidung mit Röhrenhosen, kleiner als Ludwig Erhard und nicht einmal halb so schwer. Dann dozierte der ordentliche Professor für Nationalökonomie an der Hamburger Universität, vormals Wirtschaftssenator in der Hansestadt und in Berlin, Dr. Karl Schiller, 54. Der Bundestags-Novize ließ kaltes Neonlicht ins neblige Dämmerlicht der Formierten Gesellschaft fallen! Das Parlament hatte einen neuen Star."[79] Zu besichtigen war ein rhetorischer Florettfechter, wie ihn das Parlament am Rhein nur selten gesehen hatte.

Er war der letzte Redner des Abends. Zuvor hatten sich die Koalition und die Opposition in der Debatte nichts geschenkt. SPD-Chefstratege Herbert Wehner, der doch beharrlich ein Regierungsbündnis mit den Unionsparteien anstrebte, hatte die CDU/CSU-Fraktion in einem erregten Zwischenruf einen „nihilistischen Pöbelhaufen" genannt und war dafür mit einem Ordnungsruf bedacht worden. Der Redner Karl Schiller hingegen bot ein völliges Kontrastprogramm zu solchen verbalen Rempeleien. Mit eher mildem Spott, mit subtiler Ironie, vor allem aber mit stringenter Logik und überzeugender Sachkompetenz zerpflückte er Erhards Regierungserklärung: Der Kanzler habe kein klares Konzept, keinen wirtschaftspolitischen Kurs, von einer antizyklischen Strategie, um endlich den Preisauftrieb in den Griff zu bekommen, wolle er nichts wissen, von einer mittelfristigen Finanzplanung auch nicht, und so lasse er die Dinge eben treiben, behelfe sich mit Beschwörungsformeln, mit „Seelenmassage nach freischaffender Künstlerart" und der „Sprache der puren Binsenweisheit".[80] Erforderlich seien stattdessen klare quantitative Zielvorgaben zum Wirtschaftswachstum und zur Preisentwicklung als Orientierungshilfen für die Tarifparteien, und endlich ein mittelfristiger Finanzplan. Um dieser ökonomischen Vorlesung auch eine literarische Würze zu geben, bediente Karl Schiller sich kräftig aus dem einschlägigen Zitatenbestand von Brecht bis Grass, von Molière bis Gellert, was ihm aus den Reihen der CDU/CSU prompt den genervten Vorwurf des „Bildungshochmuts" und der „professoralen Arroganz" eintrug. Jedoch ließ er sich durch solche Zwischenrufe nicht beirren. Es war ein großer Auftritt. Nach der Debatte überreichten ihm Fraktionskollegen aus den hinteren Reihen voller Bewunderung eine rote Nelke – einer der ganz wenigen Fälle, in denen Karl Schiller aus der SPD persönliche Zuwendung erfuhr.

Das Presseecho zeigte, dass auch die Medien diese Rede für denkwürdig hielten. „Bild", bei derartigen Anlässen in der Regel ein sensibler Seismograf, widmete Schillers Debüt eine halbe Seite: „Der neue Star in Bonn: Die Callas der SPD. Karl Schiller lächelt, wenn andere schimpfen."[81] Selbst die konservative „Frankfurter Allgemeine Zeitung", die Erhards Wirtschaftspolitik in den Grundsätzen stets unterstützte, stellte unter der Überschrift „Immer wieder Schiller" fest: „Dieser Mann ist ein belebendes Element in der oft träge dahin trottenden parlamentarischen Auseinandersetzung [...] Was Schiller in Fragen der Wettbewerbspolitik der neuen Bundesregierung ins Stammbuch geschrieben hat, ist von einer beherzigenswerten Frische, wobei es natürlich leichter ist, Forderungen aufzustellen, wie die Welt sein müsste, als sie in die Tat umzusetzen." Zugleich kreidete der Kommentar Schiller jedoch an, er sei „zu sehr auf den Beifall der Fraktionskollegen bedacht" gewesen, „zu sehr verliebt in geistreiche Zitate, Wortspielereien [...] Aber der Methode der Büttenrede, des Wortwitzes, nur um Salzsäure zu verspritzen, kann wohl kaum ein wohlmeinender Bürger zustimmen. Wir bezweifeln auch, dass die Gesamtheit der Bevölkerung solche Repräsentanten einer Partei akzeptiert."[82]

Das „Wort-Geklingel", das die „Frankfurter Allgemeine Zeitung" Schiller vorgeworfen hatte, fand indessen eine enorme Resonanz, die alle Einwände hinwegschwemmte. Während der Kanzler das abstrakte Modell der „Formierten Gesellschaft" vorgetragen hatte, in der die „Herrschaft der Verbände" ein

Ende finden müsse, verlangte Schiller konkrete Wirtschaftspolitik und trieb damit Erhard und dessen Wirtschaftsminister Kurt Schmücker (CDU) vor sich her. Schillers Credo war, die Wirtschaftspolitik müsse endlich auf verlässliche empirische Grundlagen gestellt werden: eine exakte volkswirtschaftliche Gesamtrechnung, die eine mittel- und langfristige Vorausschau auf die künftige Haushaltslage ermögliche. Um die aktuellen Inflationsprobleme zu bewältigen, verlangte der Wirtschaftsprofes-

Erstes Koalitionsgespräch zwischen CDU/CSU und SPD am 25. Juni 1966. Zu sehen sind Georg Kiesinger (links), Rainer Barzel (daneben), Karl Schiller, Willy Brandt und Herbert Wehner (rechts, von vorne).

sor eine „Konzertierte Aktion": Die öffentlichen Hände, die Unternehmer und die Gewerkschaften sollten ihre Ansprüche an das Volkseinkommen so zurückschrauben, dass der Preisanstieg schrittweise von vier auf drei Prozent im Jahr 1966 und auf zwei, ein und null Prozent in den drei Folgejahren zurückgeführt werden könne. Mit diesem Konzept hatte Schiller bereits seine Wahlkampfreden bestritten.

Bundeskanzler Ludwig Erhard sah in solchen Projekten Stationen auf einem Kurs in die Planwirtschaft. Aber er befand sich damit schon nicht mehr auf der Höhe der wirtschaftspolitischen Diskussion. Denn auch die „Fünf Weisen", wie der 1963 eingerichtete Sachverständigenrat zur Begutachtung der gesamtwirtschaftlichen Entwicklung allgemein genannt wurde, hatten die Bundesregierung 1965 aufgefordert, eine „konzertierte Stabilisierungsaktion" als vordringliches Instrument im Kampf gegen die Inflation in die Wege zu leiten.

Im Bundestag und auf dem Dortmunder SPD-Parteitag Anfang Juni 1966 verstärkte Schiller den argumentativen Druck auf die Regierung und den Kanzler, dem er „das Schweigen der Entscheidungslosigkeit" vorwarf. Jedoch war er peinlich darum bemüht, seine Kritik in einem konstruktiven Kontext zu formulieren. Als die Bundesregierung im Sommer 1966 endlich daran

Gespräch über das geplante Stabilisierungsgesetz
am 8. September 1966 im Palais Schaumburg:
Wirtschaftsminister Kurt Schmücker (CDU),
Bundeskanzler Ludwig Erhard (CDU), Finanzminister Rolf Dahlgrün (FDP),
Bundesminister für besondere Aufgaben Ludwig Westrick (CDU),
rechts der Finanzexperte der SPD Alex Möller und
Karl Schiller (von links).

ging, ein Stabilitätsgesetz mit staatlichen Konjunkturrücklagen, Verschuldungsgrenzen für Bund und Länder und Kreditgrenzen für die Wirtschaft vorzulegen, war er entsetzt, dass der SPD-Pressedienst dieses Vorhaben in Grund und Boden verdammte. Er sagte sogleich seine konstruktive Mitwirkung zu und kündigte Änderungsvorschläge an, was den SPD-Pressedienst zu einem gewundenen Rückzug nötigte. Am 14. September 1966 wurde im Bundestag über das Gesetz debattiert. Schiller war im Grundsatz dafür, hatte aber Einwände gegen die Ausgestaltung, vor allem gegen eine allzu strenge Kreditpolitik. Der Koalition hielt er vor: „Wenn es uns gelingt, ein gutes Gesetz aus diesem

Torso zu machen, bin ich fast sicher, dass das neue und gute Gesetz sich dann eine neue und bessere Regierung suchen wird."[83] Das Protokoll der Bundestagssitzung verzeichnet an dieser Stelle „Lachen bei der CDU/CSU".

Der Zerfall der Koalition war zu diesem Zeitpunkt schon in vollem Gange. Am 27. Oktober traten die vier FDP-Bundesminister Erich Mende, Ewald Bucher, Rolf Dahlgrün und Walter Scheel zurück – die Koalition hatte sich nicht über Steuerer-

26. November 1966: Helmut Schmidt, Karl Schiller,
Willy Brandt (von links) am Rande einer Sondersitzung der SPD-Unterhändler über die geplante Große Koalition.

höhungen zum Ausgleich des Bundeshaushalts 1967 einigen können. Am 8. November sprach der Bundestag Kanzler Ludwig Erhard indirekt das Misstrauen aus, indem er einen SPD-Antrag, der Kanzler möge die Vertrauensfrage stellen, mit 255 gegen 246 Stimmen billigte. Am gleichen Tag bildete die SPD-Fraktion eine Kommission für Koalitionsverhandlungen. Zwei Tage später nominierte die CDU/CSU-Bundestagsfraktion den baden-württembergischen Ministerpräsidenten Kurt Georg Kiesinger für die Nachfolge Erhards und bildete ebenfalls eine Verhandlungskommission. Erhards Versuch, die bisherige Koalition zu retten, scheiterte am 25. November, da sich CDU/CSU und FDP über die Steuererhöhungen auch jetzt nicht einigen konnten. Am 1. Dezember trat Ludwig Erhard als Kanzler zurück.

Am 27. November 1966, einen Monat nach Beginn der Regierungskrise, hatten sich die Verhandlungskommissionen der CDU/CSU und der SPD endgültig über die Bildung einer Großen Koalition geeinigt. Karl Schiller war von der ersten bis zur letzten Stunde an diesen Verhandlungen beteiligt. Er vor allem hatte von den Christdemokraten, zumal von dem amtierenden Finanzminister des CDU-Rumpfkabinetts, Kurt Schmücker, einen Kassensturz verlangt: „Die Leiche soll auf

1. Dezember 1966: Das Bundeskabinett der Großen Koalition „steht".
Karl Schiller, Franz Josef Strauß,
Willy Brandt und Kurt Georg Kiesinger (von links).

den Tisch." So geschah es, und die Besichtigung des Leichnams ergab in den Bundesetats der nächsten vier Jahre ein Defizit von mindestens 14 Milliarden Mark. Wohltaten waren angesichts dieser desaströsen Haushaltslage nicht zu verteilen. Als schließlich in der letzten Verhandlungsrunde im Erkerzimmer der Bonner Berlin-Vertretung die Personalien besprochen und entschieden wurden, stand frühmorgens gegen vier Uhr fest, dass Karl Schiller als Nachfolger Schmückers das Bundeswirtschaftsministerium übernehmen werde.

Er trat in ein Kabinett ein, dessen Zusammensetzung einem politischen Streifzug durch die deutsche Geschichte der ersten Jahrhunderthälfte glich: Am Kabinettstisch nahmen Platz der ehemalige KPD-Spitzenfunktionär Herbert Wehner als Minister für Gesamtdeutsche Fragen, der ehemals linkssozialistische

Aufschwung nach Maß 119

Emigrant Willy Brandt, der katholische Sozialpolitiker Hans Katzer (CDU), der Sozialdemokrat und vormalige Bundesvorsitzende der Baugewerkschaft Georg Leber und die beiden ehemaligen NSDAP-Mitglieder Karl Schiller und Kurt Georg Kiesinger. Dazu ein Ex-Minister, der vier Jahre zuvor als Verteidigungsminister hatte zurücktreten müssen, weil er mit der „Spiegel-Affäre" die bis dahin größte innenpolitische Krise der Bundesrepublik ausgelöst hatte: Franz Josef Strauß (CSU). Besonders sein bevorstehendes Comeback löste bei Schillers Freunden um Günter Grass Entsetzen aus – für ein solches Bündnis hatten sie das „Wahlkontor" zur Unterstützung der SPD gewiss nicht ins Leben gerufen, und sie machten aus ihrer Entrüstung auch keinen Hehl.

Bei Schiller verfehlte der Protest seinen Eindruck nicht. Auch innerhalb der SPD war diese Koalition alles andere als unumstritten. Wehner, Brandt, Schmidt und andere führende SPD-Politiker hatten ihr ganzes Gewicht in die Waagschale werfen müssen, um die Liaison mit der CDU/CSU in der SPD-Bundestagsfraktion durchzusetzen. Letztlich war es nur gelungen, weil Sondierungsgespräche mit der FDP über ein rechnerisch ebenfalls mögliches Bündnis zwischen Sozialdemokraten und Liberalen unbefriedigend verlaufen waren. Am 1. Dezember 1966 wurde die neue Bundesregierung unter Kurt Georg Kiesinger vereidigt. Noch am Tag zuvor hatte Schiller in einem Brief an Willy Brandt seine Zweifel zum Ausdruck gebracht, ob er das Amt wirklich übernehmen solle. Abermals zauderte er vor einer weitreichenden Entscheidung. Zugleich verlangte er von Brandt, der für ihn nach wie vor die zentrale politische Figur war, Zusagen für den Fall von Ressortkonflikten mit künftigen Kabinettskollegen, vor allem mit dem Bundesfinanzminister Franz Josef Strauß.

Kein Zweifel – Karl Schiller war verunsichert. Dazu trug sicherlich auch bei, dass Grass und andere Schriftsteller ihm an diesem Tag ein außerordentlich scharfes Telegramm geschickt hatten, in dem sie die Beteiligung des Bayern an der künftigen Regierung massiv kritisierten. Überdies zirkulierte an diesem Tag im Bonner Regierungsviertel eine interessante Information: Günter Grass werde in einem offenen Brief an Kiesinger feierlich gegen dessen Wahl zum Bundeskanzler protestieren. So geschah es: Der Brief war am 1. Dezember in der „Frankfurter Allgemeinen Zeitung" zu lesen. Der Text besaß polemische Schärfe: „Wie sollen wir der gefolterten, ermordeten Widerstandskämpfer, wie sollen wir der Toten von Auschwitz und Treblinka gedenken, wenn Sie, der Mitläufer von damals, es wagen, heute hier die Richtlinien der Politik zu bestimmen?"[84] Kiesinger war NSDAP-Mitglied seit 1933 gewesen und hatte als stellvertretender Leiter der „Rundfunkpolitischen Abteilung" dem Auswärtigen Amt unter Joachim von Ribbentrop angehört. Die Angriffe, denen er sich wegen seiner NS-Vergangenheit ausgesetzt sah, stand er nur deshalb durch, weil er sich auf Entlastungsschreiben von jüdischer Seite berufen konnte. Damit war ihm zum entscheidenden Zeitpunkt der bisherige stellvertretende Chefredakteur des „Spiegel", Conrad Ahlers, zu Hilfe gekommen, der nun als stellvertretender Regierungssprecher in den Dienst der neuen Bundesregierung trat.

Karl Schiller überwand seine Zweifel, und so wurde auch er am 1. Dezember 1966 von Bundestagspräsident Eugen Gerstenmaier vereidigt. Eineinhalb Stunden später entstieg er vor seinem Ministerium, der ehemaligen Wehrmachtkaserne in Bonn-Duisdorf, seinem Dienstwagen, einem Mercedes 250 mit Telefon, und nahm seine Amtsgeschäfte auf. Zur Begrüßung war niemand erschienen, und auch das Dienstzimmer des Ministers schien verwaist. Der bisherige Hausherr Kurt Schmücker war in das Zimmer seines Staatssekretärs ausgewichen und ließ seinen Nachfolger zunächst warten. Schiller nahm das gelassen. Schmückers Verhalten war insbesondere deshalb peinlich, weil er als Schatzminister Regierungsmitglied blieb, Schiller also sein neuer Kabinettskollege war. Im Konferenzsaal 305 machte Schmücker dann die Abteilungsleiter mit dem neuen Chef bekannt, was Schiller mit der brüsken Bemerkung abkürzte: „Ich kenne die Herren länger als Sie." Er hatte als Wirtschaftssenator in Hamburg wie in Berlin und als Mitglied des Wissenschaftlichen Beirats stets intensiven Kontakt zum Bundeswirtschaftsministerium gehalten.

Seinen künftigen Mitarbeitern versicherte er, sein Ziel sei es, die Soziale Marktwirtschaft weiter hochzuhalten, aber in gewandelter Form. Eine seiner ersten Amtshandlungen war symptomatisch: Er ließ das Porträtfoto des britischen Nationalökono-

men John Maynard Keynes, das bisher in seinem Abgeordnetenbüro hing, so in seinem Ministerzimmer anbringen, dass er den Begründer des Keynesianismus stets im Blick hatte. Im Bundeswirtschaftsministerium, der Zitadelle der Sozialen Marktwirtschaft und der Keimzelle des Wirtschaftswunders, saß nun ein Sozialdemokrat, wenngleich ebenfalls ein Marktwirtschaftler. Die Zäsur konnte tiefer nicht sein.
Karl Schiller begann seine Amtszeit als Bundeswirtschaftsminister in der sicheren Gewissheit, vor einem dringenden Handlungsbedarf zu stehen, der keinerlei Zuwarten zuließ. Die Frage, inwieweit die Lage der deutschen Wirtschaft Vergleiche mit der Weltwirtschaftskrise Ende der 1920er-Jahre erlaubte, deren Ursachen den Studenten Karl Schiller so intensiv beschäftigt hatten, lag auf der Hand. Damals hatten die Probleme weltweite Dimensionen, diesmal war die Krise auf die Bundesrepublik beschränkt, also hausgemacht, und deshalb auch mit dem Instrumentarium zu beheben, das der Bundesregierung zur Verfügung stand. Die Symptome hingegen erinnerten mit wegbrechenden Steuereinnahmen, schweren Haushaltsproblemen und wirtschaftlicher Stagnation durchaus an die schweren Jahre in der Spätphase der Weimarer Republik.
Die Lage war überaus ernst. Bundeskanzler Ludwig Erhard hatte sich in eine Gefälligkeitspolitik hineintreiben lassen, die den Haushalt sprengte und die Staatsverschuldung rapide steigen ließ. Erhard und Bundeswirtschaftsminister Kurt Schmücker, der mit diesem Amt in jeder Hinsicht überfordert war, hatten nicht die politische Kraft, um wirksam gegenzusteuern. Stattdessen handelte die Bundesbank in Frankfurt und verteuerte die Kredite, um den Preisauftrieb unter Kontrolle zu bringen. Die Wirtschaft stürzte in die erste große Rezession der Nachkriegszeit. Mehr als eine Million Arbeitsplätze gingen verloren. Wegen der Haushaltsprobleme konnten Bundesbehörden Monate hindurch fällige Rechnungen nicht bezahlen.
Karl Schiller war sicher, dass die Antwort der Politik nicht allein in einem rigorosen Sparkurs nach dem verhängnisvollen Beispiel des Reichskanzlers Heinrich Brüning bestehen durfte. Dringend erforderlich waren entschlossene Maßnahmen zur Konjunkturbelebung, mit denen der neue Bundeswirtschaftsminister sofort nach seiner Amtsübernahme begann. Zunächst

musste er die unabhängige Bundesbank für seine Pläne gewinnen. Während sein Mitstreiter Klaus Dieter Arndt, SPD-Bundestagsabgeordneter und vom 12. April 1967 an Parlamentarischer Staatssekretär, noch an einem achtseitigen Konzept zur Wirtschaftspolitik für die Regierungserklärung des Bundeskanzlers Kurt Georg Kiesinger feilte, empfing Schiller den Bundesbankpräsidenten Karl Blessing und dessen Vize Heinrich Troeger. Er begann das Gespräch mit Artigkeiten: Zwei Jahre hindurch habe die Bundesbank das undankbare Geschäft, die Stabilität der Währung zu hüten, allein betreiben müssen. Doch jetzt werde man zu einer besseren Zusammenarbeit zwischen Bundesregierung und Bundesbank kommen. Dann entwickelte er seine Thesen zur Ankurbelung der Konjunktur und gab seinen Besuchern aus dem achtseitigen Exposé die Passagen zu lesen, in denen die Bundesbank ersucht wurde, eine Politik der billigeren Kredite einzuleiten.

Die Gäste aus Frankfurt nahmen das alles mit Höflichkeit zur Kenntnis, doch überzeugt hatte Karl Schiller sie nicht. Sie äußerten die Befürchtung, eine zu schnelle Konjunkturbelebung könne sogleich auch wieder die Inflationsspirale in Gang setzen, und im Übrigen sei die Entscheidung über Diskontsenkungen allein Sache des Zentralbankrats. Schiller reagierte darauf mit der Ankündigung, die neue Bundesregierung werde Gewerkschaften und Unternehmer unverzüglich zu einer „Konzertierten Aktion" an einen Tisch bringen, um eine maßvolle Lohn- und Preispolitik zu erreichen. Die beiden Bundesbankchefs störten sich indessen an einigen Formulierungen in Schillers Exposé, in denen ein neuer Kurs angekündigt wurde, und baten um Abschwächung. Schiller kam ihnen mehrfach entgegen. So konnte Bundeskanzler Kiesinger am 13. Dezember 1966 in seiner Regierungserklärung vor dem Bundestag verkünden: „Die Bundesregierung würde eine fühlbare Senkung des Diskontsatzes und entsprechende Erleichterungen für den Geld- und Kapitalmarkt begrüßen." Weiter hieß es: „Eine expansive und stabilitätsorientierte Wirtschaftspolitik ist das Gebot der Stunde."

Das war die Handschrift Karl Schillers und seines Parlamentarischen Staatssekretärs Klaus Dieter Arndt. Beide handelten nach den Lehrsätzen von John Maynard Keynes. Auf eine simple

Formel gebracht, besagen diese, der Staat müsse Konjunkturschwankungen durch rechtzeitige Eingriffe – Geldstilllegung im Aufschwung, Staatsverschuldung in der Depression – so ausgleichen, dass ein stetiges, maßvolles Wirtschaftswachstum gewährleistet werden könne.

Konkret hieß das für Schillers Wachstumspolitik: Die Bundesbank sollte den Diskontsatz senken und damit billigere Kredite in die Wirtschaft pumpen, während die Bundesregierung einerseits strikte Haushaltsdisziplin üben und zugleich durch gezielte Ausgaben, etwa für den Autobahn- und Straßenbau, aber auch mit Aufträgen von Bahn und Post, die Investitionsneigung der Unternehmen anreizen sollte. Schiller brachte diese Strategie auf die einprägsame Formel: „Die Pferde müssen wieder saufen."[85]

Die vorsichtige Bundesbank honorierte Schillers löbliche Absichten gleich nach dem Jahreswechsel mit einer Diskontsenkung um ein halbes auf 4,5 Prozent. Schiller hatte auf ein ganzes Prozent gehofft, aber immerhin. Karl Blessing stellte bei Wohlverhalten, also strenger Haushaltsdisziplin des Staates und zurückhaltender Lohnpolitik der Gewerkschaften, weitere Senkungen in Aussicht.

Nun musste Karl Schiller noch die Gewerkschaften für seinen Kurs gewinnen. Das gelang ihm in einer dreistündigen Sitzung im Konferenzsaal 305, in der er der DGB-Führung seine „Konzertierte Aktion" vorstellte und erläuterte, welche Rolle die Gewerkschaften dabei aus seiner Sicht spielen sollten. Als das geschehen war, beorderte er seine Mitarbeiter mit der Ankündigung „Wir Staatsknechte verschwinden jetzt" vor die Tür und verließ ebenfalls den Saal, um der DGB-Delegation Gelegenheit zur internen Aussprache zu geben. Die DGB-Spitzenfunktionäre brauchten dafür eine Dreiviertelstunde, dann verkündeten sie dem Gastgeber Schiller ihr Einverständnis bei nur einer Enthaltung. Und sie brachten eine Bedingung vor: Die von Blessing in Aussicht gestellten weiteren Diskontsenkungen und damit mehr Kredite dürften nicht lange auf sich warten lassen. So begannen Karl Schillers Jahre als Bundeswirtschaftsminister.

Es lag auf der Hand, dass er seine Politik der „Marktwirtschaft plus Globalsteuerung" nur im engen Schulterschluss mit dem neuen Bundesfinanzminister Franz Josef Strauß zum Erfolg führen konnte. Voraussetzung dafür war ein gedeihliches Arbeitsverhältnis zwischen den beiden so ungleichen Kabinettsmitgliedern – schmächtig und drahtig der eine, füllig-barock der andere. Die Bonner Journalisten hatten ihr Thema. Karl Schiller, der kühle Intellektuelle, sah das gelassen, denn der Bayer und er hatten ein elementares gemeinsames Interesse, und beide waren zum Erfolg verurteilt: „Ich will Wachstum, er will Einnahmen."[86] Für Strauß kam ein weiteres Motiv hinzu: Sein Comeback auf der bundespolitischen Bühne konnte nur gelingen, wenn er sich nicht nur keine Blöße gab, sondern mit Schiller konstruktiv und ergebnisorientiert zusammenarbeitete. Für seinen „Imagewandel" war das eine absolute Voraussetzung. Das Ergebnis dieser übereinstimmenden Interessenlage war, dass der Bundeswirtschaftsminister Karl Schiller und sein Finanzkollege Franz Josef Strauß sich bei gemeinsamen wie bei getrennten Auftritten ausgesprochen wohlwollend übereinander äußerten – und das war mehr als formale, nur taktisch bedingte Höflichkeit. Sie „konnten" einfach gut miteinander. Beide kamen aus kleinen Verhältnissen, waren von überragender, scharfer Intelligenz, hatten hoch entwickelte analytische Fähigkeiten und waren überaus eloquent. Der Wirtschaftsminister bewunderte an Strauß dessen robuste Fähigkeit, mit dem Instrumentarium der Macht umzugehen, also genau das, was Grass und die anderen Literaten an dem Politiker verabscheuten. Der Finanzminister hingegen, der bis 1966 an der Universität Innsbruck in den Fächern BWL und Staatswissenschaften immatrikuliert war und deshalb in der linken Medienszene als „stud. rer. pol." apostrophiert wurde, schwärmte vom Kollegen Schiller, dieser sei eine „glückliche Mischung aus imperativem Liberalismus und Keynesianismus". Der „Spiegel"-Autor Felix Rexhausen verhalf dem Duo unter Rückgriff auf Wilhelm Busch zu einem Etikett, das die Jahrzehnte überdauert hat: Plisch und Plum. Schiller war noch kein Vierteljahr im Amt des Bundeswirtschaftsministers, als ihm morgens mit den Pressestimmen ein blau angestrichener Leitartikel der „Frankfurter Allgemeinen Zeitung" aus der Feder von Fritz Ullrich Fack vorgelegt wurde. Er nahm ihn mit tiefer Befriedigung zur Kenntnis, denn dieser überaus einflussreiche Autor zog eine erste Bilanz. Faktisch war

„Plisch und Plum":
Kabinettskollegen Schiller und Strauß während einer
Pressekonferenz zum Bundeshaushalt,
Foto vom 21. Januar 1967.

das eine Art publizistischer Ritterschlag. Karl Schiller las über sich: „Wirtschaftspolitisch wird auch unter Schiller mit Wasser gekocht, und zwar überwiegend in Töpfen, die auch vordem schon auf dem Feuer gestanden haben. Es geschieht nur alles ein bisschen rascher, ein wenig gekonnter, es gibt Ideen in Hülle und Fülle und einprägsame Schlagworte, beinahe jeden Tag ein neues. Schiller pflegt Anhänger und Gegner gleichermaßen mit rhetorischer Brillanz zu überrennen. Vor allem aber gibt es Publizität [...] Die Massenmedien haben auf Schiller eine ungeheure Anziehungskraft."[87] Der Wirtschaftspolitiker Schiller, so befand der Autor, sei „für die SPD ein besonderer Glücksfall", und seine Partei begreife das wohl auch allmählich, da auch offenbar werde, „wie die Kombattanten der anderen Parteien dagegen abfallen". Auch in seinem Ministerium könne der „Nationalökonom und Keynesianer Schiller [...] zumindest bei den jüngeren Beamten [...] auf gute Resonanz rechnen. Fast jeden Abend versammelt er in seinem Appartement auf der Bonner Hardthöhe [...] seine engsten Mitarbeiter zu endlosen theoretischen und wirtschaftspolitischen Debatten. Der Ruf, als Chef ungemein anstrengend zu sein, kommt nicht von ungefähr." Fack zog dann ein Fazit, das sich noch als treffende Voraussage erweisen sollte: „Dieser Mann mit dem Glück, der steilen Karriere, den eleganten Maßanzügen, dem Lächeln in den Augenwinkeln, dem scharfen Intellekt und der oftmals beklemmend arroganten Rednerpose – dieser Mann hat ein ernst zu nehmendes politisches Handicap: Er verfügt über keine ihm verschworene Gruppe in der eigenen Partei."[88]

Was die „oftmals arrogante Rednerpose" betraf, so war der neue Wirtschaftsminister durchaus auch für geistreiche und humorvolle Auftritte gut, mit denen er sein Auditorium für sich einnahm. Als er am 26. Februar 1967 zum ersten Mal als Wirtschaftsminister die Eröffnungsrede auf der Frankfurter Frühjahrsmesse hielt, setzte er sich unter anderem mit der Diskrepanz zwischen dem gesamtgesellschaftlichen Bewusstsein und der realen Lage in Zeiten der Krise auseinander. Er verdeutlichte dies mit einem Vergleich, der große Heiterkeit auslöste: „Vielen erging es doch wie dem Mann, der im neunten Stock aus dem Fenster gefallen ist und der, beim ersten Stockwerk angelangt, ausruft: Bis jetzt ist doch alles gut gegangen!"[89]

Öffentliche Auftritte, ob im Parlament oder aus anderen Anlässen, bereitete Schiller mit großer Sorgfalt vor. Die Texte seiner Reden redigierte er penibel. Über die inhaltlichen Aussagen diskutierte er zuvor mit einem kleinen Kreis handverlesener Mitarbeiter, mit dem ihn vor allem das Denken auf der gleichen intellektuellen Wellenlänge verband. In diesem Zirkel herrschte, bei belegten Broten und Whisky der Marke Johnnie Walker „Red Label", ein Gesprächsklima völliger Offenheit. Ständige Teilnehmer waren vor allem Schillers Parlamentarischer Staatssekretär Klaus Dieter Arndt, ab 1968 Präsident des Deutschen Instituts für Wirtschaftsforschung in Berlin, ferner Klaus von Dohnanyi (SPD), ab März 1968 Staatssekretär mit der Zuständigkeit für die Industrie- und Europapolitik, von Schiller gern „MacD'Ohnanyi" genannt, dann der ehemalige Frankfurter Bankier Wilhelm Hankel, für den Schiller wegen des imposanten Schnurrbarts und wegen seiner Wortgewandtheit den Spitznamen „Der Armenier" erfand. Hankel war als Ministerialdirektor für die Geld- und Kreditpolitik verantwortlich. Ebenfalls zutrittsberechtigt waren Staatssekretär Johann Baptist Schöllhorn, der aus dem Münchner Institut für Wirtschaftsforschung kam und über die wirtschaftspolitische Grundlinie des Ministeriums wachte, und der Ministerialdirektor Otto Schlecht, ein „Erhardianer", der die Grundsatzabteilung für Wirtschaftspolitik leitete. Mit diesen Ratgebern diskutierte Karl Schiller häufig bis tief in die Nacht. Niemand konnte besser beurteilen, wie „ungemein anstrengend" dieser Minister als Chef war. Jedoch unterstützte ihn sein Team mit großem Engagement.
In enger Abstimmung mit dem Bundesfinanzminister Franz Josef Strauß gelangen Schiller an der Spitze der früheren Erhard-Bastion eindrucksvolle Erfolge: Zwei Konjunkturprogramme mit einem Gesamtvolumen von fast acht Milliarden DM an Staatsaufträgen und steuerlichen Investitionsbegünstigungen brachten die zuvor stagnierende Wirtschaft wieder auf Touren. Finanziert wurden daraus der Bau von Fernstraßen, die Modernisierung der Bundesunternehmen Bahn und Post, zusätzliche Investitionen in anderen Staatsbetrieben, aber auch in den Bereichen Wissenschaft und Forschung, Wohnungsbau, Gesundheitswesen und Landesverteidigung. Die Maßnahmen wurden in einem erstaunlichen Tempo umgesetzt, sodass die

Erfolge bereits in der zweiten Jahreshälfte 1967 sichtbar waren. Schiller konnte nach zwei Jahren auf eine imponierende Bilanz verweisen. Bei Beginn der Großen Koalition lag das Wirtschaftswachstum, an das die Deutschen sich zuvor Jahr um Jahr wie an eine feste Größe gewöhnt hatten, bei Null. Im Februar 1967, nur wenige Wochen nach Schillers Amtsantritt, gab es in der damaligen Bundesrepublik 675 000 Arbeitslose und 345 000 Kurzarbeiter. Nach zwei Jahren, im März 1969, wurden nur noch 243 000 Erwerbslose registriert, dagegen 720 000 offene Stellen. Das Wirtschaftswachstum erreichte 1968 imposante 7,3 Prozent, 1969 sogar 8,2 Prozent. Auf 100 000 Arbeitslose kamen nun 850 000 unbesetzte Stellen. Es war gelungen, was Schiller landauf, landab als sein Ziel verkündet hatte: die vor sich hin siechende Wirtschaft „aus der Talsohle der Konjunktur in einem Aufschwung nach Maß auf ein Hochplateau stetigen Wachstums zu führen". Er hatte das, sehr wirksam und loyal von Strauß unterstützt, auf der Basis einer Drei-Stufen-Strategie erreicht.

Die erste Stufe bestand in einer ökonomischen Datensammlung als Grundlage für die Regierungsentscheidungen. Zulieferer waren vor allem der Sachverständigenrat, der jährlich über die wirtschaftliche Entwicklung des Landes Bericht erstattete, und die wirtschaftswissenschaftlichen Forschungsinstitute. In der zweiten Stufe entwarf das Bundeswirtschaftsministerium in Abstimmung mit den anderen Ressorts eine wirtschaftliche „Zielprojektion" für das folgende Jahr. Darin wurden die Wachstumsziele definiert, ferner „Orientierungshilfen" für die Sozialpartner zur Bestimmung von Unternehmereinkommen und Löhnen. Die dritte Stufe war die „Konzertierte Aktion". Dieser Begriff, den Schiller nicht selbst geprägt, sondern flink von professoralen Sachverständigen übernommen und dem eigenen Vokabular einverleibt hatte, stand für ein vierteljährlich in seinem Ministerium abgehaltenes Konklave. Regelmäßige Teilnehmer waren rund 70 Unternehmer, Gewerkschaftsvorsitzende, Bankiers und Verbandspräsidenten. Diese Zusammenkünfte, so spöttelte der Vorsitzende des DGB, Ludwig Rosenberg, über Schiller als Gastgeber, „zelebriert er wie eine private Messe". Sinn und Zweck der Veranstaltung war es, die Beteiligten auf die „Zielprojektionen" festzulegen, was nur

durch die Suada des Hausherrn zu erreichen war, der von seinem Redetalent auch hinreichend Gebrauch machte.
Der damalige Präsident des Deutschen Industrie- und Handelstages, Ernst Schneider, schilderte den Verlauf dieser Sitzungen: „Die Aufführungen dauern zwischen acht und zehn Stunden. Sie enden mit der Erschöpfung aller Mitwirkenden. Der Regisseur ist unser Herr Bundeswirtschaftsminister, der aber auch zugleich als Dirigent und Solist auftritt."[90] Versuche, sich der

Karl Schillers Forum für Beschwörungsrituale: die „konzertierte Akion".
Fritz Berg (Präsident des Bundesverbandes der Deutschen Industrie),
Karl Schiller, Ludwig Rosenberg (DGB-Vorsitzender) und Otto Brenner
(IG Metall-Vorsitzender) (von links), Foto vom 19. Juli 1967.

Schillerschen Beredsamkeit und Überzeugungskunst durch klammheimliches Verlassen des Sitzungssaales zu entziehen, hatten sofortiges Einschreiten des Ministers zur Folge. Einer, der das am eigenen Leibe erfuhr, war der Vorsitzende der IG Bergbau-Energie, Walter Arendt. Als er morgens um 5.15 Uhr für sich befand, es sei nun genug, eilte Schiller ihm nach, stellte ihn auf dem Korridor und brachte ihn dazu, in den Saal zurückzukehren. Niemand war so konditionsstark wie der gebürtige Breslauer.
Das galt nicht nur für nächtliche Sitzungen, sondern im übertragenen Sinne auch für das politische Geschäft, an dem Schiller zunehmend Gefallen gefunden hatte. Seine Wissenschaft, die Nationalökonomie, hatte er nun Tag für Tag als Gestaltungs-

Der Wirtschaftsminister als Titelmotiv: SPIEGEL-Heft 3/1967.
Schiller war noch keine zwei Jahre im Amt.

aufgabe deutscher Politik vor sich. Deshalb entbehrte er den Wissenschaftsbetrieb in der Universität nicht. Er schwamm auf der Welle des Erfolges, auch in der Meinungsforschung. Ende 1968 wurde er bei einer Infratest-Umfrage nach dem sympathischsten Politiker mit 56 Prozent bereits an zweiter Stelle nach Bundeskanzler Kiesinger mit 70 Prozent notiert. Und Anfang März 1969 lag Schiller bei einer Umfrage des Instituts für Demoskopie Allensbach nach dem fähigsten bundesdeutschen Politiker schon fast gleichauf mit dem Regierungschef. Doch da sprach nicht nur Volkes Stimme. Selbst der Erhard-Berater und Stellvertretende Hauptgeschäftsführer des Deutschen Industrie- und Handelstages, Rüdiger Altmann, attestierte Schiller: „Er ist der beste Wirtschaftsminister, den es bisher gab, freilich weniger, weil er mutig wäre, sondern weil er als erster das methodische Handwerkszeug perfekt beherrscht."[91]
Zu diesem Instrumentarium gehörte das am 8. Juni 1967 verabschiedete Stabilitätsgesetz, genauer das „Gesetz zur Förderung der Stabilität und des Wachstums der Wirtschaft". Mit dessen Vorläufer hatte sich schon die Regierung Erhard befasst, wenngleich ohne sonderliche Begeisterung. Während die von Erhard geführte Bundesregierung vornehmlich die Stabilität gewährleisten wollte, betonte die SPD auf Schillers Drängen das Wirtschaftswachstum als gleichrangiges Ziel. Das Ergebnis war das berühmte „Magische Viereck" im Zielkanon des so überarbeiteten Gesetzes: Stetiges Wachstum, Vollbeschäftigung, Preisstabilität und Wahrung des außenwirtschaftlichen Gleichgewichts. Faktisch war dieses Gesetz, das die Rechte und Pflichten der Bundesregierung festlegte, die Verankerung der Lehren von Keynes in der deutschen Rechtsordnung. Es gab auch der „Konzertierten Aktion" eine feste Grundlage.
Jedoch hätte Schillers Wachstumspolitik nicht so erfolgreich sein können, hätte der Kabinettskollege Strauß sie nicht mit einer entschlossenen Politik der Haushaltskonsolidierung flankiert und unterstützt. Die Bundesregierung der Großen Koalition schaffte, was zuvor der CDU-FDP-Regierung nicht gelungen war – den Bundeshaushalt durch Steuererhöhungen und flächendeckende Sparbeschlüsse so zu konsolidieren, dass der Staat mehr als zuvor die Rolle des Investors übernehmen konnte. Die beiden Fraktionsvorsitzenden Rainer Barzel (CDU/CSU)

und Helmut Schmidt (SPD) hatten an der parlamentarischen Absicherung dieses Kurses einen erheblichen Anteil. Das Fazit zog der Wirtschaftsminister mit selbstbewussten Botschaften wie „Wir haben der Krise ins Antlitz geschaut, aber die Krise senkte die Augen."[92]

Schiller genoss den Zuwachs an Ansehen und Vertrauen im Volk, der ihm öffentlich attestiert wurde. Freilich tat er, ein mit allen Wassern gewaschener Fachmann für Öffentlichkeitsarbeit,

Am 8. Juni 1967 unterzeichnete Bundeswirtschaftsminister Karl Schiller (SPD) das „Gesetz zur Förderung der Stabilität und des Wachstums der Wirtschaft". Links der damalige Ministerialdirigent Otto Schlecht, rechts Schillers Staatssekretär Johann-Baptist Schöllhorn.

auch einiges dafür. Kein anderes Mitglied der Regierung Kiesinger betrieb eine auch nur annähernd vergleichbare und erfolgreiche Imagepflege. Er ließ keine Gelegenheit aus, um in das öffentliche Rampenlicht zu kommen, auch wenn die Anlässe mit Politik nicht das Geringste zu tun hatten. Robert Lembkes populäre Rateshow „Was bin ich" war ihm dafür ebenso recht wie die Fernsehsendung „Zu Protokoll" mit Günter Gaus und andere TV-Formate. Er hatte nichts dagegen, wenn in der Berichterstattung über seine Person, zum Beispiel in der Zeitschrift „stern", auch der „flotte Karl" zum Vorschein kam: Das Magazin durfte den passionierten Tänzer Schiller bei einer Figur des Modetanzes Bostella zeigen. Und wenn über ihn zu lesen war, er habe im Juni 1968 gelegentlich einer Dienstreise nach Stockholm bis tief in die Nacht in einem Beat-Lokal mit jungen Damen der Stockholmer Gesellschaft getanzt, und seine mitreisenden Beamten hätten vergeblich versucht, es ihm gleichzutun, störte ihn auch das nicht – es hatte ja auch seine Richtigkeit.

In diese Zeit fiel eine Veränderung seiner privaten Lebensumstände, die sich noch als einschneidend erweisen sollte: Eine neue Frau trat in sein Leben. Er hatte die 21 Jahre jüngere Juristin Etta Eckel, die im Gegensatz zu ihm aus großbürgerlichen Verhältnissen stammte, auf dem Bonner Presseball kennengelernt. Es war, wenn nicht Liebe, so doch gegenseitige Faszination auf den ersten Blick. Daraus wurde eine zunächst geheim gehaltene Beziehung. Die Entfremdung zwischen den Eheleuten Karl und Annemarie Schiller, die auch durch die unterschiedlichen Lebensmittelpunkte Hamburg und Berlin beziehungsweise Bonn verursacht worden war, hatte inzwischen ein irreparables Stadium erreicht. Schiller empfand die Liaison mit der attraktiven, ehrgeizigen und charmanten Regierungsdirektorin im nordrhein-westfälischen Finanzministerium emotional als Jungbrunnen, intellektuell als Herausforderung. Die Begegnungen mit ihr, in der Regel auf einem Bauernhof nahe Iserlohn, waren für ihn herbeigesehnte Abwechslungen vom harten Alltag der Politik. Welche Folgen Ettas offenkundiger Ehrgeiz für ihn haben konnte, übersah oder verdrängte er.

Je mehr die Parteien sich für die Bundestagswahl 1969 zu positionieren suchten, desto brüchiger wurde Schillers Allianz mit Finanzminister Franz Josef Strauß. Der war schon vorher aus dem eigenen Lager immer wieder bedrängt worden, sich stärker neben und gegen Schiller zu profilieren, damit nicht der Wirtschaftsminister allein den politischen Profit des Aufschwungs einstrich. Der Konflikt, der dann das faktische Ende von „Plisch und Plum" bedeutete, betraf die Aufwertung der Deutschen Mark.

Das reale Wachstum der deutschen Wirtschaft lag 1968 bei 6,9 Prozent, der Preisauftrieb bei nur zwei Prozent. In den westlichen Industrienationen lag die Inflationsrate deutlich höher. Karl Schiller erinnerte die Deutschen immer wieder an sein Credo: „Stabilität ist nicht alles, aber ohne Stabilität ist alles nichts." Die Diskrepanz zwischen deutscher Stabilitätspolitik und inflationärem Gewährenlassen im Ausland führte zu einem Exportboom der Bundesrepublik. Der Leistungsbilanzüberschuss kletterte auf 18,4 Milliarden Mark. In den Tresoren der Bundesbank lagen im November 1968 Gold- und Devisenvorräte von über 40 Milliarden Mark. Die Regierungen in Washington, London und Paris drängten das Kabinett Kiesinger, die Deutsche Mark zu verteuern und so die Flucht ausländischer Spekulanten in die harte Mark zu unterbinden. Doch diese Forderung kollidierte mit den Interessen der deutschen Exportwirtschaft, die sich des Beistandes von Kanzler Kiesinger und Finanzminister Strauß versicherte. Beide sprachen sich kategorisch gegen die vom Ausland verlangte Aufwertung aus. Das war der Kern des Problems.

Im November 1968 kam es zu einer dramatischen Zuspitzung. Schiller hatte sich zunächst ebenfalls gegen eine Aufwertung ausgesprochen, weil auch er negative Folgen für den Export befürchtete. Die Bundesbank hingegen, auch die wirtschaftswissenschaftlichen Forschungsinstitute, hielten die Aufwertung für unausweichlich, weil nur so eine „importierte Inflation" verhindert werden könne. Wenn die Aufwertung unterbleibe, werde auf dem Umweg über eine unterbewertete Mark die Inflation angeheizt und der Export gefährdet. Mitte November nahm die Flucht in die Deutsche Mark galoppierende Ausmaße an; es musste etwas geschehen. Am 19. November beschloss die Bundesregierung, die deutsche Währung nicht aufzuwerten. Für den Tag darauf, den 20. November, bat der Bundeswirtschaftsminister als turnusmäßiger Präsident der „Zehnergruppe" (auch „Zehnerclub") die Finanzminister und Notenbankpräsidenten der wichtigsten Industrienationen zu einer dreitägigen Konferenz nach Bonn. Schiller gedachte ihnen bei diesem Treffen einen dürren Ersatz für die Aufwertung schmackhaft zu machen, auf den das Bundeskabinett sich am Vortag ebenfalls verständigt hatte – eine Exportsteuer und eine Importsubvention von jeweils vier Prozent. Die angereisten Minister und Notenbankpräsidenten reagierten verärgert, ja zornig auf die Bonner Regierungsbeschlüsse. Die internationale Währungskrise, ausgelöst durch Spekulationen über eine Abwertung des französischen Franc und eine Aufwertung der deutschen Mark, war offenkundig. Aber der Gastgeber Karl Schiller blieb so höflich wie hart. Mit großer Beredsamkeit verteidigte er den Bonner Kurs. Das Verhandlungsklima war so, dass Bundesbankpräsident Karl Blessing in der Nacht des ersten Sitzungstages das gereizte Konklave um 1.30 Uhr verließ, weil er „das Geschimpfe meiner ausländischen Kollegen" nicht mehr ertragen mochte. Schiller ließ sich nicht unter Druck setzen. In der ausländischen Presse wurden nach Abschluss der Konferenz außerordentlich harte Töne gegen die Bonner Haltung angeschlagen. In London erschien das Massenblatt „Daily Mirror" mit der Schlagzeile „Nun haben die Deutschen doch den Krieg gewonnen". Die „New York Times" nannte Schiller den „Economic Maestro" des Treffens. Kurz darauf, am 28. November, verabschiedete der Bundestag, was das Kabinett beschlossen hatte – ein Absicherungsgesetz, das durch steuerliche Sofortmaßnahmen den Export drosseln und den Import fördern sollte.

Karl Schiller hatte diesen harten Kurs loyal mitgetragen, aber er war im Zweifel, ob er durchzuhalten war. Seine Bedenken verdichteten sich im Frühjahr 1969 zu der Gewissheit, dass eine Aufwertung nicht zu vermeiden, vielmehr dass sie sogar geboten sei. Es gab keine Kompromisslinie zwischen seiner und der Position von Franz Josef Strauß. Der Konflikt war da, wenngleich er nicht ins Persönliche durchschlug. Schiller war in dieser Phase der populärste Minister der Großen Koalition. Seine Sympathiewerte konnten es mit denen des Bundeskanzlers Kurt Georg Kiesinger aufnehmen und übertrafen die des Außenministers Willy Brandt. Ein außerordentlicher SPD-Bundesparteitag hatte Brandt Mitte April erneut zum SPD-Kanzlerkandidaten für die Bundestagswahl am 28. September 1969 gekürt – es war sein dritter Anlauf.

Karl Schiller beherrschte in dem nun heraufziehenden Wahlkampf die wirtschaftspolitische Diskussion in einer fast beispiellosen Form. Seine „Prägeanstalt für Metaphern"[93], wie der Wirtschaftsjournalist Rudolf Herlt seine Begabung für eingängige Formulierungen zu Recht genannt hat, lieferte dafür die Stichworte: Die „soziale Symmetrie" als Synonym für eine gerechte Lastenverteilung in der Gesellschaft, das Akronym „Mifrifi" für die mittelfristige Finanzplanung, auch das pfiffige Kürzel „Mamiflex" für eine Wirtschaftspolitik von „Maß, Mitte und Flexibilität" sind Beispiele dafür. Nicht in seinem

Auftreten, das intellektuell und professoral blieb, wohl aber in der Kraft seiner Formulierungen war er ein wortgewaltiger Prediger. Der Mythos Ludwig Erhard war eine Sache der Archive geworden. Der Schiller-Mythos war tägliche Gegenwart.

Diese fast schon dramatische Kompetenzverschiebung wollte die Union und speziell Franz Josef Strauß nicht tatenlos hinnehmen. Das Ergebnis war ein christdemokratisches Stabilitätsprogramm mit Haushaltskürzungen und vorgezogener Schuldentilgung, das Strauß Anfang März 1969 präsentierte. Schiller hingegen hatte zwei Tage zuvor Kanzler Kiesinger ebenfalls stabilitätspolitische Vorschläge zugeleitet, sodass es nun zwei konkurrierende Konzepte gab, mit denen sich das Kabinett zu befassen hatte. Schiller drängte darauf, dass dies endlich geschah, während der Kabinettskollege Strauß die Behandlung des Themas zweimal mit der Begründung torpedierte, zeitliche Gründe stünden dem entgegen. Schiller kommentierte das mit funkelnder Ironie und bediente sich dazu eines Vergleichs aus der Zoologie: „Ich nenne das bei ihm den Auerhahn-Effekt. Wenn der Auerhahn balzt, schiebt sich ein Knöchelchen in den Gehörgang des Vogels. Das ist übrigens auch die Zeit für den Abschuss."[94]

So war die Lage, als der Wahlkampf begann. Was kaum jemand für möglich gehalten hatte, trat ein: Ausgerechnet mit dem spröden Thema Aufwertung der DM schlug der Wahlkämpfer Schiller in Versammlungssälen und auf Marktplätzen die Wählerinnen und Wähler in seinen Bann. Er legte ihnen dar, weshalb er die Aufwertung für zwingend notwendig hielt. Wenn er sprach, herrschte Stille wie einst im Hörsaal A der Hamburger Universität. Nur die wenigsten Zuhörer verstanden, worum es eigentlich ging, doch bedeutete ihr Schweigen Vertrauen und Zustimmung. Schillers Ruf als Wirtschaftspolitiker war nie größer als vor dieser Bundestagswahl. Ein wirklicher, allerdings im Grunde unbegreiflicher Fehler unterlief ihm in diesen Wahlkampfwochen nur einmal: Als Bundeskanzler Kiesinger sich im August 1969, in der heißen Wahlkampfphase, darüber beklagte, er werde durch die Berichterstattung des ZDF benachteiligt, gab Schiller ihm öffentlich einen Rat, den er besser unterlassen hätte: Kiesinger möge darüber nachdenken, welchem Abschnitt seines beruflichen Werdeganges er sein offensichtlich gestörtes Verhältnis zur Pressefreiheit verdanke. Gemeint war natürlich Kiesingers Tätigkeit im Rundfunkreferat des Auswärtigen Amtes während des Krieges. Aus dem Munde eines Mannes wie Schiller, der selbst eine NS-Vergangenheit als NS-Mitläufer hatte, war das eine schwer erträgliche Beckmesserei, und Schiller hatte zunächst Mühe, die Wogen der Empörung zu glätten. Das gelang jedoch rasch.

Am Ende der Großen Koalition:
Wirtschaftsminister Karl Schiller und
SPD-Fraktionschef Helmut Schmidt auf dem SPD-Parteitag,
15. April 1969.

Der Wahlabend des 28. September 1969 ließ sich zunächst für die CDU/CSU und Kanzler Kiesinger erfreulich an. Doch je mehr sich die Hochrechnungen verfestigten, desto klarer wurde: Zwar blieben die Unionsparteien bei leichtem Rückgang von 47,6 auf 46,1 Prozent die stärkste politische Kraft, doch die SPD übersprang erstmals die 40-Prozent-Hürde und verbesserte sich von 39,3 auf 42,7 Prozent. Die FDP fiel von 9,5 auf 5,8 Prozent zurück. Noch in der Wahlnacht meldete Willy Brandt seinen Anspruch auf das Kanzleramt an, und zwar auf der Grundlage einer sozialliberalen Koalition: Zusammen 268 gegen 250 Mandate der CDU/CSU – das reichte.

Man brauchte damals nicht lange die Wahlforscher zu bemühen, um zu erkennen, wem vor allem die SPD diesen

Im Bundestagswahlkampf 1969 war der Bundeswirtschaftsminister Karl Schiller für die SPD das wichtigste Zugpferd. Zu Recht sprach man damals von einer „Schiller-Wahl". Die sozialliberale Koalition unter Bundeskanzler Willy Brandt war das Ergebnis.

Wahlerfolg zu verdanken hatte. Mit Karl Schillers maßgeblicher Hilfe war der Partei ein tiefer Einbruch in die bürgerlichen Wählerschichten gelungen. Nicht so sehr die Gründe, die ihn die Aufwertung fordern ließen, hatten die Wähler honoriert, sondern seine gesamte Leistung als Wirtschaftspolitiker. Am 21. Oktober 1969 wählte der Bundestag Willy Brandt zum Bundeskanzler. Karl Schiller blieb Wirtschaftsminister. Er hatte sich schon vor dem Wahltag für eine Koalition mit der FDP ausgesprochen, die im Gegensatz zur CDU/CSU für eine Aufwertung der DM war. Die neue Bundesregierung handelte zügig: Schon am 24. Oktober beschloss das Kabinett, das Absicherungsgesetz vom November 1968 aufzuheben und die Deutsche Mark um 8,5 Prozent aufzuwerten. Karl Schiller hatte sich in dieser Kardinalfrage endlich durchgesetzt. Jedoch wurde ihm rasch klar, dass sich für ihn die politischen Rahmenbedingungen verändert hatten.

Der mächtigste Ökonom der Republik

Die sozialliberale Koalition, die Karl Schiller mit herbeigeführt hatte, war eine Zäsur, deren Bedeutung über den normalen Regierungswechsel in einer parlamentarischen Demokratie weit hinausging. Der Machtwechsel brachte nicht nur andere Mehrheitsverhältnisse im Bundestag und damit eine neue Bundesregierung. Beides ging einher mit einem Paradigmenwechsel in der gesamten Gesellschaft. Zumal in der SPD, die nun zum ersten Mal seit Gründung der Bundesrepublik Deutschland die führende Regierungspartei war, stiegen die Erwartungen. Bundeskanzler Willy Brandt verstärkte diese Haltung mit seiner Regierungserklärung vom 28. Oktober 1969, worin er das umfangreichste Reformprogramm der deutschen Nachkriegsgeschichte ankündigte. Die Frage, wie diese Politik finanziell untermauert und abgesichert werden sollte, war für ihn nicht der zentrale Punkt. Ein Wirtschaftswachstum von 7,5 Prozent und eine Preissteigerungsrate von zwei Prozent – das war im Herbst 1969 eine Konstellation, die vieles möglich erscheinen ließ. Sicher war nur eines: Diese Reformpolitik würde kostspielig sein. Die Quellen enthalten keinen Hinweis darauf, dass Karl Schiller den Kanzler mit dem Argument, ein solches Wachstum wie 1969 könne man keinesfalls als stetig voraussetzen, vor zu großer Reformeuphorie gewarnt hat. Vermutlich hätte Brandt sich solchen Mahnungen auch verweigert.

Die Veränderungen, die Schiller nun ins Kalkül zu nehmen hatte, betrafen zunächst zwei Personalien von besonderer Bedeutung: Alex Möller und Helmut Schmidt.

Als neuer Bundesfinanzminister trat der Finanzexperte der SPD-Fraktion, Alex Möller, in das Kabinett ein. Möller kam wie Schiller aus kleinbürgerlichen Verhältnissen, hatte sich aber als langjähriger Generaldirektor der Karlsruher Lebensversicherung nicht nur einen großbürgerlichen Lebensstil, sondern auch ein entsprechendes Selbstverständnis angewöhnt. Wie Schiller galt er als überaus eitel und mimosenhaft empfindlich. Beide hielten nicht viel voneinander. Schiller über Möller: „Es ist halt schwer mit ihm." Möller über Schiller: „Unerträglich".[95] Schiller hatte nicht vergessen, dass Möller seine Aufnahme in das Schattenkabinett für die Bundestagswahl 1965 mit allen Mitteln hatte verhindern wollen. Aus den Jahren der Großen Koalition hatte er zwar die Erfahrung mitgenommen, dass eine möglichst harmonische Zusammenarbeit mit dem Finanzminister eine Voraussetzung für erfolgreiche Wirtschaftspolitik war, doch sein unterkühltes Verhältnis zu Alex Möller bot dafür kaum eine Grundlage. Ein zweites politisches Schwergewicht hielt mit dem neuen Verteidigungsminister Helmut Schmidt, dem bisherigen Fraktionschef, im Kabinett Einzug.

In der Partei hatte sich mit dem Machtwechsel eine Aufbruchstimmung verfestigt, die mit dem entschlossenen Willen einherging, sich nicht durch Bedenkenträgerei behindern zu lassen. Die SPD – das waren für Karl Schiller vor allem die Spitzengenossen Willy Brandt, Herbert Wehner, Helmut Schmidt. Schillers Verhältnis zu seinem einstigen Referenten in der Hamburger Wirtschaftsbehörde war ambivalent – einerseits belastet durch frühere Konflikte, andererseits geprägt durch professionellen Respekt, der jedoch auch jetzt Zusammenstöße nicht ausschloss. Gewiss hatte er als Bundeswirtschaftsminister enorm an politischer Statur gewonnen. Aber in seinen früheren Ämtern als Wirtschaftssenator in Hamburg und Berlin war er eben auch zur Zielscheibe innerparteilicher Kritik geworden. Seine Widersacher aus dieser Zeit hatten, wie sich nach seinem Rücktritt zeigen sollte, ihre Meinung über ihn und seinen politischen Stil nicht geändert. Schiller gab sich keine Mühe, solche Vorbehalte abzubauen. Ein intensiver, persönlicher Kontakt zur

Premiere in Bonn: Die erste sozialliberale Bundesregierung:
vordere Reihe (von links): Gerhard Jahn (SPD), Käte Strobel (SPD),
Bundespräsident Gustav Heinemann, Bundeskanzler Willy Brandt (SPD),
Walter Scheel (FDP), Karl Schiller (SPD), Georg Leber (SPD).
Hintere Reihe (von links): Egon Franke (SPD), Lauritz Lauritzen (SPD),
Helmut Schmidt (SPD, davorstehend), Alex Möller (SPD),
Hans Leussink (parteilos), Erhard Eppler (SPD), Horst Ehmke (SPD),
Hans-Dietrich Genscher (FDP), Walter Arendt (SPD) und Josef Ertl (FDP),
Foto vom 22. Oktober 1969.

Bundestagsfraktion zum Beispiel war ihm nicht wichtig. Er erlaubte sich Defizite, die noch fatale Folgen haben sollten. Zur Partei, ihrer Basis, hatte er überhaupt kein Verhältnis und bemühte sich auch nicht darum. In den Bundestag war er im Wahlkreis Dortmund gewählt worden. Wahlkreisarbeit, gar die Einrichtung eines Wahlkreisbüros, kam ihm nicht in den Sinn. So geriet er in eine Situation, in der der bis dahin erfolgreichste sozialdemokratische Bundesminister in seiner eigenen Partei

22. Oktober 1969:
Bundestagspräsident Kai-Uwe von Hassel (CDU) vereidigt
Bundeswirtschaftsminister Karl Schiller (SPD), links im Bild.

politisch isoliert war. An Warnungen vor einer derartigen Konstellation hatte es jedoch nicht gefehlt, auch nicht in den Medien. Fritz Ullrich Facks Bemerkung, er verfüge über „keine ihm verschworene Gruppe in der eigenen Partei", war schon zwei Jahre alt. Auch das Nachrichtenmagazin „Der Spiegel" hatte vor der Bundestagswahl 1969 in einer Titelgeschichte über Karl Schiller als den „Wahl-Trumpf der SPD" auf dieses Problem hingewiesen: „Ein Erfolgsmanager wie Schiller ist der Partei suspekt und nur zu Zeiten seines eigenen Erfolges nützlich."[96] Er selbst interpretierte den Ausgang der Bundestagswahl als Auftrag der Wähler, seine Politik der Stabilität und des Wachstums konsequent fortzusetzen. Die Partei hingegen und Willy Brandt als Reformkanzler werteten das Wahlergebnis vornehmlich als Signal für den Aufbruch zu neuen, gesellschaftspolitischen Ufern.

Für Karl Schiller hing nun alles davon ab, ob ihm der Erfolg treu blieb. Zunächst schien es auch so zu sein. Doch bereits Ende 1969 musste der Wirtschaftsminister besorgniserregende Daten über die Preisentwicklung zur Kenntnis nehmen. Im Vorjahr hatte er verkündet, die Inflation sei „tot wie ein rostiger Nagel". Nun zeigte sich das Gegenteil. Die Preise zogen so drastisch an, dass der Wirtschaftsminister in Erklärungsnot geriet, denn er hatte doch das Instrumentarium entwickelt, mit dem man inflationäre Tendenzen von vornherein bändigen könne – so jedenfalls war seine Botschaft gewesen. Aus seiner Sicht gab es nun einen unabweisbaren Handlungsbedarf, und so präsentierte er dem Kabinett am 16. Februar 1970 eine Vorlage, um die Mehrwertsteuer um einen Prozentpunkt herabzusetzen und einen zehnprozentigen Lohnsteuerzuschlag einzuführen, der zum 1. Juli 1971 zurückgezahlt werden sollte. Die Ministerrunde fand freilich, ein solcher Kurs passe nicht in die politische Landschaft – schließlich hatte der Kanzler in seiner Regierungserklärung Steuersenkungen in Aussicht gestellt, und verweigerte ihm die Gefolgschaft. Schiller ließ jedoch nicht locker und ging mit seiner Forderung an die Öffentlichkeit. Die Folgen waren fatal: Er war in dieser Frage nicht nur im Kabinett isoliert. Die SPD-Bundestagsfraktion, die er genauso wenig vorab informiert hatte wie zuvor die Ministerrunde, zitierte ihn in eine Sondersitzung, die stürmisch verlief, denn in Nordrhein-Westfalen standen Landtagswahlen vor der Tür. Schiller musste den empörten Abgeordneten die bindende Zusage geben, die Fraktion künftig frühzeitig über seine Absichten zu unterrichten.

Es war eine empfindliche Niederlage, die natürlich zu einem Thema für die Medien wurde. In „Bild am Sonntag" setzte sich deren Chefredakteur Peter Boenisch mit Karl Schiller, der „Ein-Mann-Partei", auseinander. Er beschrieb ihn als introvertierten Polit-Star, der offenbar glaube, alles allein zu können: „Vorsitzender: Schiller. Geschäftsführer: Schiller. Chefideologe: Schiller. Wahrlich: Die Zusammenarbeit – ganz gleich mit wem – hat dieser Professor nicht erfunden." Seine „Munterkeit, diese egozentrische Grashüpfer-Mentalität", sei sein ärgster Feind. Und dann folgte ein Passus, der sich zwei Jahre später als eine rundum zutreffende Vorhersage erweisen sollte: „Vielleicht hat

er den Bundesbankpräsidenten noch eine Zeit lang neben sich, aber sonst ist der ‚Genosse Karl' verdammt allein."[97]
Anfang März drohte Schiller wieder einmal mit seinem Rücktritt. Sein Autoritätsverlust war mit Händen zu greifen. In dieser ohnehin schwierigen Situation traf er eine Personalentscheidung, die sich als verhängnisvoller Missgriff herausstellen sollte: Nach dem Rücktritt seines Vertrauten Klaus Dieter Arndt vom Amt des Parlamentarischen Staatssekretärs berief er im September 1970 den SPD-Bundestagsabgeordneten Philip Rosenthal zu dessen Nachfolger. Der erfolgreiche Industrielle, Chef der väterlichen Porzellanfirma Rosenthal AG, war für die SPD ein „Vorzeige-Unternehmer", dessen Name zugleich für den gesellschaftspolitischen Aufbruch stand. Als Aushängeschild war er daher für die Partei hoch willkommen. Die Tatsache, dass Rosenthal ein Wirtschaftssystem kritisierte, von dem er selbst massiv profitierte, störte nicht, sie weckte vielmehr zusätzliches Interesse. In der Politik hingegen, auch auf der amtlichen Ebene, trat er als gut betuchter Paradiesvogel auf. Die Vorstellung, dass dieser Mann die geeignete Persönlichkeit sei, um als Parlamentarischer Staatssekretär in täglicher Kärrnerarbeit die schwierigen und belasteten Beziehungen Schillers zur SPD-Bundestagsfraktion zu verbessern, war von Anfang an eine Illusion. Für die Fraktion waren beide, der Minister wie sein Gehilfe, Außenseiter ohne jeden Stallgeruch, einfach politische Primadonnen.
Bemerkenswert war es da immerhin, dass der gleichermaßen persönlich schwierige und politisch anstrengende Bundesminister im Mai 1970 auf dem SPD-Bundesparteitag in Saarbrücken mit 270 von 321 Delegiertenstimmen erneut in den erweiterten Parteivorstand gewählt wurde und damit sogar noch etwas besser als sein Widersacher Alex Möller abschnitt. Eine Mehrheit der Partei glaubte also, dass sie auf diesen Wirtschaftspolitiker nicht verzichten konnte. Auch bekam Karl Schiller die Genugtuung, dass sich das Bundeskabinett unter dem Eindruck der Stimmenverluste, die die sozialliberale Koalition bei der Landtagswahl in Nordrhein-Westfalen erlitten hatte, endlich doch zu stabilitätspolitischen Maßnahmen aufraffte: Steuererleichterungen wurden vertagt, ein Konjunkturzuschlag zur Lohn- und Einkommensteuer wurde eingeführt. Die Stabilität, so warnte

Der Politiker als Professor:
Karl Schiller doziert 1970 vor der Bundespressekonferenz
über seine Wirtschaftspolitik.

Schiller in einem damals weithin beachteten Interview, müsse Vorrang vor dem Ruf nach „inneren Reformen" haben.[98]
Angesichts des anhaltenden Preisauftriebs war diese Mahnung mehr als gerechtfertigt. Auch hatte sich die „Konzertierte Aktion", die Schiller doch als Gremium zur gemeinsamen Erarbeitung von „Zielprojektionen" ins Leben gerufen hatte, zur öffentlichen Plattform für in aller Härte ausgetragene Verteilungskämpfe entwickelt, bei denen die Beteiligten jeweils ihr eigenes Zahlenmaterial aus der Tasche zogen. Vor allem waren es aber die „Großverbraucher" im Bundeskabinett, die von Schillers Appell zum Maßhalten, mit dem er den Finanzminister Alex Möller unterstützte, nichts hören wollten. Hätten beide ihre persönliche Antipathie frühzeitig überwinden und zu einer wirklich konstruktiven Zusammenarbeit finden können, so wäre der sozialliberalen Koalition vielleicht jene Gefährdung der Staatsfinanzen erspart geblieben, die im Frühjahr 1971 offenkundig wurde.
Bundesfinanzminister Alex Möller sah sich am 25. Februar 1971 bei den Beratungen der Bundesregierung über den Haushalt 1972 mit einer Flut von Ausgabenwünschen der großen Ressorts konfrontiert, die weit jenseits dessen lagen, was er glaubte verantworten zu können. In seinen Erinnerungen schilderte der damals 68-jährige „Genosse Generaldirektor" die Lage, in der er sich befand: Es waren „die Kabinettskollegen zum Saulus erstarrt und nicht bereit, meinen Vorschlägen zur Sicherung einer konjunkturgerechten Haushaltsführung im Blick auf das Jahr 1972 zu folgen".[99] Auch im laufenden Haushaltsjahr 1971 wurde das Geld mit vollen Händen ausgegeben – im ersten Quartal stiegen die Ausgaben des Bundes um 18,1 Prozent. Zugleich begann nun erst recht ein Wettlauf der Forderungen, die sich allein für 1972 auf 20 Milliarden DM Mehrausgaben im Vergleich zum Vorjahr beliefen. In der Nacht zum 12. Mai 1971 fertigte Möller eine „haushaltswirtschaftliche Bilanz" und einen aktualisierten Finanzplan an: „Ich habe gerechnet und gerechnet – aber wer ehrlich sein will, kann Zahlen nicht manipulieren und weder sich noch ihnen einreden, sie seien auch zweckentfremdet verwendbar. Ich habe überlegt und immer wieder überlegt, ob es nicht möglich wäre, doch noch dem ‚Schicksalsbuch der Nation' freundlichere Sei-

ten beizuheften – aber woher nehmen? Ich konnte sie nicht erfinden."¹⁰⁰

Alex Möllers Zahlenwerk ergab, dass in der mittelfristigen Finanzplanung bis 1975 die von den Ressorts geltend gemachten Ansprüche um 63 Milliarden DM über jener Grenze lagen, die er selbst nicht zu überschreiten gedachte. Überdies war ihm bewusst, dass er bei der Abwehr solcher Wünsche nicht mit der uneingeschränkten Unterstützung des Bundeskanzlers rechnen

Nahaufnahme einer Gegnerschaft: Alex Möller (links) und Karl Schiller auf dem SPD-Parteitag, Foto von 1969.

konnte. So kam er zu dem Ergebnis, es bleibe ihm keine andere Wahl als der Rücktritt, um ein Zeichen zu setzen. Alex Möller in seinen Erinnerungen: „Wir konnten nicht bis zum Herbst warten, denn am 9. Mai war die Freigabe der Wechselkurse erfolgt und damit eine Entscheidung für die Stabilität signalisiert worden, zu der zwingend und baldmöglichst stabilisierende binnenwirtschaftliche Haushaltsmaßnahmen hinzukommen mussten. Es durfte keine Ausgabeninflation der öffentlichen Hand erkennbar werden, weil sonst der neu gewonnene Handlungsspielraum verloren gehen würde und bedacht werden musste, dass die autonomen Gruppen im volkswirtschaftlichen Gesamtprozess höchstens so stabilitätsbewusst handeln, wie es die öffentliche Hand vormacht. So entstand bei mir die Erkenntnis, ich selbst könne helfen, aber nur mit meinem Rücktritt."¹⁰¹ Seinem Demissionsschreiben fügte er eine detaillierte

Karl Schiller in staatsmännischer Pose,
Foto von 1970.

Aufstellung der von seinen Kabinettskollegen verlangten Mehrausgaben hinzu.

Dieser Entschluss wurde zu einer tiefen Zäsur – nicht nur für Alex Möller, sondern genauso für Karl Schiller. Willy Brandt erhielt Alex Möllers Schreiben und die Anlagen am Nachmittag des 12. Mai 1971 während einer Sitzung des SPD-Präsidiums. Nach zweistündiger Bedenkzeit nahm er den Rücktritt an. Am nächsten Tag beriet der Kanzler sich mit Frak-

Karl Schillers Start in die dritte Ehe:
Am 21. Mai 1971 verlassen der 60-jährige SPD-Politiker und die 38-jährige Juristin Etta Eckel das Standesamt in Hannover.

tionschef Herbert Wehner über die Nachfolge, und beide kamen überein, Karl Schiller zusätzlich zum Wirtschaftsministerium auch die Leitung des Finanzressorts zu übertragen. Die SPD-Fraktion billigte diese Lösung bei nur zwei Gegenstimmen und zwölf Enthaltungen erstaunlich geschlossen. Im Kabinett hatte Möller sich mit der dürren Feststellung verabschiedet, für 1971 gebe es eine Haushaltslücke von 4,3 Milliarden DM und für 1972 von 9,9 Milliarden DM. Den Kanzler hatte er an diesem Tag nachdrücklich vor einer Zusammenlegung beider Ressorts und insbesondere vor einem „Superminister" Schiller gewarnt. Der Regierungschef hingegen fand, man könne damit zu einer Wirtschafts- und Finanzpolitik „aus einem Guss" kommen. Das war ein Gesichtspunkt, den auch Karl Schiller überaus attraktiv fand. Auch war er offenkundig tief befriedigt darüber, dass nun sein streitbarer Kabinettsrivale Möller das Feld geräumt hatte. Am Nachmittag des 13. Mai tat er, was er besser unterlassen hätte: Er posierte vor Pressefotografen im Dienstzimmer seines Amtsvorgängers, auf dessen Schreibtisch sitzend, die Hände in die Hüften gestemmt, triumphierend. Wenige Tage später, am 21. Mai, folgte ein privates Erfolgserlebnis: In Hannover heirateten Karl Schiller (60) und Etta Eckel (38). Auch das war ein folgenschwerer Schritt. Beide Entscheidungen, die Übernahme der Verantwortung für das Doppelministerium und diese dritte Ehe sollte Karl Schiller bald bereuen.

Für Herbert Wehner war Schiller damals, angelehnt an die Titanengestalt aus der griechischen Mythologie, der „Atlas", der die Bürde der sozialliberalen Koalition in Bonn zu tragen habe. Tatsächlich war es eine dreifache Herausforderung, vor der Schiller stand: Er sollte die Preissteigerungen in den Griff bekommen, die Lohnforderungen der Gewerkschaften zügeln und die Ausgabenlust seiner Ministerkollegen eindämmen. Wer ihm dazu Glück wünschte, bekam zu hören: „Gratulieren Sie mir nicht, kondolieren Sie mir lieber."[102] Regierungssprecher Conrad Ahlers hingegen kam mit Blick auf die neue Machtkonstellation im Kabinett zu dem Schluss: „Jetzt habe ich zwei Kanzler."[103]

Karl Schiller sah das ähnlich. Er war jetzt im Grunde genommen Herr über drei Ressorts: Wirtschaft, Finanzen und das dem Finanzressort bereits angegliederte Schatzministerium. Ihm unterstanden nun sechs Staatssekretäre, 17 Abteilungen, 50 000 Beamte und Angestellte, ein industrielles Bundesvermögen mit über 160 000 Beschäftigten und einem Gesamtumsatz von mehr als 15 Milliarden DM, ein Zollmuseum und eine Musikkapelle. Ein mächtiger Mann. Spontan entschloss Karl Schiller sich, den französischen Minister für Wirtschaft und Finanzen Valéry Giscard d'Estaing, seinen Kontrahenten in harten Verhandlungen auf europäischer Ebene, auf gleicher Augenhöhe nach Bonn einzuladen: „Nur in einem ist Giscard mir noch voraus. Er hat auch die Notenbank unter sich."[104]

Karl Schiller übernahm seine neue Aufgabe mit großem Optimismus. Seine Stellung schmeichelte seiner Eitelkeit. In den Medien wurde ihm nahezu unisono bescheinigt, von seiner Person, seinen Fähigkeiten, seiner Arbeit hänge das Schicksal der sozialliberalen Koalition ab. Karl Schiller sah darin vor allem die Gewähr, sich gegen seine Kollegen im Kabinett durchsetzen zu können. Über die Notwendigkeit, zu einer anderen Haushaltspolitik zu gelangen, war er sich völlig im Klaren. Bereits im Frühjahr 1970, ein halbes Jahr nach dem Start der sozialliberalen Koalition, hatte er im Gespräch mit Vertrauten im Wirtschaftsministerium verlauten lassen, die Regierung komme ihm vor wie eine Kompanie, die sich der Kriegskasse bemächtigt habe und jetzt das Geld mit vollen Händen ausgebe. Diese Mentalität, vor der Alex Möller kapituliert hatte, bestand ungebrochen fort. Der Amtswechsel änderte daran nichts. Dennoch gelang es dem „Nebenkanzler" Karl Schiller, sich im September 1971 bei den Beratungen des Kabinetts über den Bundeshaushalt 1972 weitgehend durchzusetzen und das Etatvolumen um nicht mehr als 8,5 Prozent steigen zu lassen. Das imponierte sogar Alex Möller.

Der Erfolg war teuer erkauft. Die Zahl der Widersacher stieg rapide. In einer selbstkritischen Bewertung seiner Zeit als Doppelminister meinte er später, er habe es mit einer „Addition von Konfliktfeldern" zu tun gehabt und „zu viele Igel auf einmal zu kämmen" bekommen.[105] Das war sicherlich eine zutreffende Feststellung. Als er am 12. Oktober 1971 mit Ehefrau Etta von einer Auslandsreise zurückkehrte, fand er eine Situation vor, die ihn hätte alarmieren müssen. In der SPD-Bundestagsfraktion und der Partei brodelte der Unmut. Am 18. November sollte auf einem außerordentlichen SPD-Bundesparteitag in Bonn über die Steuerpolitik beraten werden. Die Fraktion fühlte sich allerdings über die konzeptionellen Vorarbeiten (es gab nur Eckwerte) unzureichend informiert. Hinzu kam der Besorgnis erregende Preisauftrieb: Die Inflation lag bei fünf Prozent. Beides wurde natürlich Schiller als dem zuständigen Minister angekreidet.

Besonders in dieser Situation hätte er eines Parlamentarischen Staatssekretärs bedurft, der ihm im Hinblick auf die Bundestagsfraktion und die Partei den Rücken frei hielt. Schiller war inzwischen selbst zu der Einsicht gekommen, dass Philip Rosenthal dieser Gehilfe nicht war. Das Verhältnis zwischen den beiden Genossen hatte mittlerweile einen Tiefpunkt erreicht. Am 16. November, zwei Tage vor dem Bonner Steuerparteitag der SPD, zog Rosenthal die Konsequenzen und trat zurück. In einer acht Seiten füllenden Presseerklärung übte er massive Kritik an seinem bisherigen Minister und warf ihm vor, sich den gesellschaftspolitischen Reformen zu verweigern, die der Bundeskanzler angekündigt hatte. Die Vermögensbildung der Arbeitnehmer war eines der Themen, die Rosenthal für besonders vordringlich hielt. Fortschritte, so das Fazit seiner Rücktrittserklärung, würden vor allem durch den Bundeswirtschafts- und Finanzminister verhindert.[106]

Faktisch war das der Auftakt zur endgültigen Demontage des „Nebenkanzlers" Karl Schiller. Sie war dann auf dem Steuerparteitag in aller Öffentlichkeit zu besichtigen, wo nicht etwa Schiller als der zuständige Bundesminister, sondern der Minister für wirtschaftliche Zusammenarbeit, Erhard Eppler, das Hauptreferat hielt. Der für die sozialdemokratischen „Grundwerte" zuständige Sohn eines Oberstudiendirektors entstammte einer schwäbischen Familie mit liberalen Neigungen. Schillers Person und Politik waren ihm gleichermaßen zuwider, wie das folgende Zitat zeigt: „Der selbstverliebte Star genießt die Selbstdarstellung mehr als die Macht, zumindest genießt er die Macht in der Form der gekonnten Darstellung des Überlegenen, Genialen, Großen. Darin hat Karl Schiller seinerzeit würdige Konkurrenten und später kongeniale Nachfolger gefunden. Tröstlich, dass die so genossene und gesteigerte Macht nicht lange vorhält, innerhalb von Wochen zerfallen kann."[107] Als Vorsitzender der Steuerreform-Kommission seiner Partei hatte er maßgeblich ein Programm für drastische Steuererhöhungen entwickelt, die endlich ein stabiles finanzielles Fundament für die gesellschaftspolitischen Reformen schaffen und die „öffentliche Armut" beseitigen sollten. Im Grunde genommen war das die von den Parteilinken verlangte Systemveränderung mit den Instrumenten der Steuerpolitik. Erhard Eppler, und nicht Karl Schiller, prägte diesen Parteitag. Es entsprach der Stimmung in der Bonner Beethovenhalle, dass der SPD-Linke Jochen Steffen, Landesvorsitzender in Schleswig-Holstein, erklärte, die Partei müsse den Mut haben, die Belastbarkeit der Wirtschaft zu erproben.

Karl Schiller hielt solche Pläne und schon deren Ankündigung für gefährlich. Er befürchtete schwerwiegende Konsequenzen für die SPD, die auf diesem Wege die aus den bürgerlichen

Schichten gewonnenen Wähler, die „Schiller-Wähler" von 1969, wieder verlieren werde. Nicht minder bedenklich waren nach seiner Überzeugung die Auswirkungen derartiger Konzepte auf die Investitionsbereitschaft der Unternehmer. Die Parteilinke zeigte sich indes von solchen Warnungen völlig unbeeindruckt. Während Schiller auf dem Parteitag über das Thema „Wirtschafts- und Finanzpolitik im internationalen Spannungsfeld" sprach, schlug ihm ein eisiges Klima entgegen. Gruppen von Delegierten verließen während seiner Rede den Saal. Als der Parteitag über die Forderung der Parteilinken debattierte, bei der Einkommenssteuer den Spitzensteuersatz auf 60 Prozent und bei der Körperschaftssteuer auf 58 Prozent zu erhöhen, versuchte Schiller, den Delegierten die Folgen zu verdeutlichen: Die deutschen Kapitalgesellschaften würden dann sehr schnell ins Ausland abwandern. Beschwörend rief er dem Parteitag zu: „Genossinnen und Genossen, lasst bei diesem Punkt bitte die Tassen im Schrank!"

Völlig vergeblich waren seine Mahnungen nicht. So gelang es ihm gemeinsam mit Horst Ehmke, die Delegierten von der Forderung abzubringen, man müsse das Steuergeheimnis abschaffen. Aber ohne jeden Zweifel war dieser Parteitag für ihn eine schwere politische und auch persönliche Niederlage. Sein Aufruf, die SPD möge die „Tassen im Schrank lassen", kennzeichnete sein Verhältnis zur Reformeuphorie der Partei nicht nur in der Steuerpolitik. Seine Widersacher in der SPD wollten aus seiner Sicht ganz einfach eine andere Republik. Immer wieder wurde ihm aus der Partei und der Fraktion die absichtliche Verschleppung der Steuerreform vorgeworfen, so Ende Februar 1972 auf einer stürmisch verlaufenen Fraktionssitzung. Auch die Entwicklung des Haushalts war Besorgnis erregend. Per Brief beschwor er Willy Brandt, ihn bei den dringlich gebotenen Konsolidierungsmaßnahmen zu unterstützen, um die absehbaren, zweistelligen Milliarden-Defizite in den Etats bis 1975 abzuwenden. Dazu seien Steuererhöhungen und die Beschneidung der von den Ressorts angemeldeten Anforderungen an den Haushalt unerlässlich. Es war vergebens. Das erhoffte Echo blieb aus.

Karl Schillers glanzvolle politische Laufbahn endete in einem dramatischen Konflikt, bei dem es nicht nur um gegensätzliche

Positionen in Sachfragen ging. Ranküne und Kabale waren auch im Spiel. Hinzu kam verletzter Stolz, auch das Geltungsbedürfnis seiner Ehefrau, die in Bonn in dem Ruf stand, ihren Mann für ihren gesellschaftlichen und politischen Ehrgeiz zu instrumentalisieren. Aus Gründen, die in seiner Politik, seiner Partei und seiner Person lagen, war der mächtigste Fachminister der sozialliberalen Bundesregierung in eine Lage geraten, in der er sich fragen musste, ob er überhaupt noch auf Unterstützung rechnen konnte. Das betraf zumal den Bundeskanzler, der sich im Kabinett bei Sachkonflikten vor allem in der Rolle des Moderators und nicht des Regierungschefs mit Richtlinienkompetenz sah und der zumeist auch so agierte.

Anlass zur Klärung der Situation bot aus Schillers Sicht die Kabinettssitzung vom 16. Mai 1972. Zwar hatte Willy Brandt das konstruktive Misstrauensvotum der CDU/CSU vom 27. April als Kanzler überstanden, aber die Koalition war als Folge von Fraktionsübertritten ohne Mehrheit im Parlament. Neuwahlen waren in Sicht. Am nächsten Tag, dem 17. Mai, sollten im Bundestag die Ostverträge, das Kernstück der sozialliberalen Außenpolitik, verabschiedet werden.

In dieser Situation hielt Karl Schiller es für erforderlich, vor allem für Klarheit über die Haushaltslage zu sorgen. Er rechnete der Ministerrunde vor, schon im laufenden Haushaltsjahr seien die Ausgaben der Ressorts permanent höher als die Ansätze im Etat, und wenn so weiter gewirtschaftet werde, habe man es im Haushalt bis 1976 mit einer Finanzierungslücke von fast 21 Milliarden DM zu tun. Demnach sei ein drastischer Sparkurs erforderlich, wofür Schiller Vorschläge präsentierte.

Das war eine Botschaft, die die Kabinettsrunde nicht hören wollte – auch weil sie ziemlich exakt der Kritik entsprach, mit der die Unionsparteien gegen die sozialliberale Finanzpolitik zu Felde zogen. Im Kabinett kam es zu scharfen Auseinandersetzungen, in deren Verlauf die übrigen Minister den Spieß umdrehten und den „Superminister" für die Probleme verantwortlich machten, die er zuvor vorgetragen hatte. Der Streit nahm Formen an, die Willy Brandt so anwiderten, dass er den Kabinettssaal verließ. Schillers Vorschläge wurden komplett abgelehnt. Doch er gab nicht auf. Er erinnerte sich nicht nur an ähnliche Situationen, die er mehr oder weniger erfolgreich durchgestanden hatte, sondern er hielt sich auch vor Augen, dass er in seinem Amtseid geschworen hatte, Schaden vom deutschen Volk abzuwenden. Er diktierte zwei brisante Papiere: einen Brief an den Bundeskanzler, in dem er sich ganz formell gegen den Verlauf der vorangegangenen Kabinettssitzung verwahrte. Insbesondere sei es „unerträglich", dass er „in unqualifizierter Weise angegriffen" worden sei. Das war eine offene Kritik an der Sitzungsleitung des Regierungschefs. Das zweite Papier war eine sieben Seiten umfassende Beschlussvorlage, die er nicht nur an das Kanzleramt und alle Bundesminister, sondern auch an das Bundespräsidialamt, das Bundespresseamt und an den Präsidenten des Bundesrechnungshofes adressierte, alles in allem 131 Kopien. Darin analysierte er die Haushaltslage, wiederholte seine Forderungen vom 16. Mai und verlangte Einsparungen von 2,5 Milliarden DM noch für das laufende Haushaltsjahr.

Karl Schiller war ein erfahrener Politiker, auch im Hinblick auf die „Indiskretionshauptstadt" Bonn. Er musste wissen, dass seine politische Postwurfsendung ihm den Vorwurf eintragen würde, er habe seine Beschlussvorlage öffentlich machen wollen. Wie nicht anders zu erwarten war, stand der Inhalt einige Tage später in den Zeitungen, und die Opposition freute sich. Mit Kabinettsdisziplin hatte dieser Vorgang so gut wie nichts mehr zu tun, und im Kanzleramt war die Entrüstung groß. Dabei spielte auch eine Rolle, dass Schiller mit seiner Ehefrau Etta unmittelbar nach dem Versand der Vorlage in Urlaub gefahren war. Voller Bitterkeit meinte Brandt später zu diesen Erfahrungen mit seinem Doppelminister, „Solidarität" sei für Schiller das einzige Fremdwort gewesen, „das er nicht verstand", und es handele sich bei ihm „um einen Sieg der Eitelkeit über die Intelligenz".[108] Kanzleramtschef Horst Ehmke und andere Kabinettsmitglieder bestürmten Brandt, er müsse Schiller entlassen. Doch der Kanzler mochte sich zu einer so spektakulären Entscheidung nicht durchringen. Er befürchtete vor allem negative Folgen für den bald bevorstehenden Bundestagswahlkampf. Wenn der „Kabinettsrebell" Schiller aber nicht hinausgeworfen wurde, musste man sich wohl oder übel mit seinen Forderungen befassen. Das geschah mit einer Teillösung im Volumen von zunächst 1,3 Milliarden Mark.

Die restlichen Einsparungen sollten im Laufe des Jahres erbracht werden.

Zunächst hatte Schiller sich also noch einmal durchgesetzt. Aber es war ein Pyrrhussieg – der Anfang vom Ende des Bundesministers Karl Schiller. Das Finale folgte rasch, als es in der zweiten Junihälfte 1972 erneut zu Währungsturbulenzen kam, in deren Verlauf die deutschen Devisenbörsen für mehrere Tage geschlossen wurden, um

Persönliche Freundschaft, aber Gegnerschaft in der Sache:
Wirtschaftsminister Karl Schiller und Bundesbankpräsident Karl Klasen,
Foto vom 21. Mai 1971.

den Zustrom aus dem Ausland unter Kontrolle zu bringen. In diesem Zusammenhang kam es zu einem Konflikt zwischen Schiller als dem zuständigen Minister und dem Präsidenten der Bundesbank, Karl Klasen (SPD), mit dem ihn eine langjährige Freundschaft aus seiner Hamburger Zeit verband. Klasen plädierte energisch für Devisenkontrollen nach dem Außenwirtschaftsgesetz, während Schiller gegen dirigistische Eingriffe war und marktkonforme Instrumente anwenden wollte. In der Kabinettssitzung vom 28. Juni 1972 kam es zum Eklat: Ohne Schiller vorher informiert zu haben, legte Klasen sein Konzept auf den Tisch und versprach für die nächsten Monate „Ruhe an der Währungsfront", was der Ministerrunde angesichts des bevorstehenden Bundestagswahlkampfes auch als besonders erstrebenswert erschien.

Die folgenden Beratungen des Bundeskabinetts gerieten zu einem wilden Palaver mit zahlreichen Einzelgesprächen am

Das Ende kündigt sich an:
SPIEGEL-Titel über Karl Schiller vom 12. Juni 1972.

Rande und zogen sich bis zum nächsten Tag hin. Dann wurde am Vormittag des 29. Juni über den Streitpunkt abgestimmt, mit einem für den „Superminister" Karl Schiller desaströsen Ergebnis: Alle, auch der Bundeskanzler, votierten gegen ihn, und das bei einem Kernproblem seiner Ressortzuständigkeit. Das war das Ende. Schiller verließ das Palais Schaumburg in der Gewissheit, dass sein Rücktritt unausweichlich sei. Die vom Kabinett beschlossenen Maßnahmen hielt er für so falsch, dass er sich weigerte, die entsprechende Verordnung zu unterzeichnen. Die Unterschrift überließ er seinem Vertreter nach der Geschäftsordnung, Bundesinnenminister Hans-Dietrich Genscher (FDP).

Wie kam es zu diesem dramatischen Finale? Der Streit um die Devisenkontrollen war der Anlass, nicht die Ursache. Das Kabinett war die ständigen Querelen mit dem Doppelminister einfach leid. Kanzleramtsminister Horst Ehmke fand, politisch sei die Gelegenheit günstig: „So billig werden wir Karl niemals mehr los."[109] An diesem 29. Juni, einem Donnerstag, fuhr Schiller in ein vorzeitiges Wochenende, um sein weiteres Vorgehen zu überdenken, denn es waren noch Termine mit ausländischen Staatsgästen zu absolvieren, so mit dem sowjetischen Außenhandelsminister Nikolai Patolitschew. Er beriet sich mit Ehefrau Etta, die ihm empfahl, den Konflikt durchzukämpfen, obwohl sie die SPD für nicht mehr regierungsfähig hielt. Karl Schiller zögerte zunächst mit der Formulierung seines Rücktrittsschreibens, weil er auf ein einlenkendes Signal des Regierungschefs hoffte. Auch war es ja möglich, dass die Liberalen Druck auf den Koalitionspartner ausübten. Mit beiden Überlegungen lag Schiller so falsch nicht. Willy Brandt fiel die Vorstellung schwer, sich von einem Weggefährten verabschieden zu müssen, dem er viel verdankte – als Regierender Bürgermeister in Berlin, nun als Bundeskanzler in Bonn. Auch die FDP-Führung sah ein Ausscheiden Schillers mit großer Sorge. Aber insgesamt, so bilanzierte der Bundeskanzler, war die Lage im Kabinett, in der Fraktion, in der Partei nicht so, dass der Bruch mit Karl Schiller hätte vermieden werden können. Das Verständigungssignal, auf das Karl Schiller gehofft hatte, blieb aus, und so schrieb er am 2. Juli seinen Rücktrittsbrief. Darin beanstandete er, gewiss zu Recht, die Überrumpe-

lung im Kabinett durch Karl Klasen. Dann kam er zum Kern des Konflikts:
„Nachdem ich seit vier Jahren eine marktwirtschaftliche Währungspolitik gegen viel Widerstand erfolgreich betrieben habe, kann ich es nicht hinnehmen, dass diese Politik ohne überzeugenden Grund im Handstreichverfahren auf einen anderen Kurs gebracht wird […] Ich habe […] immer wieder betont, es gibt auch Grenzen der Belastbarkeit für einen Finanzminister. Er kann sich nicht unaufhörlich vertrösten lassen. Ich bin jedenfalls nicht bereit, als Finanzminister bis zum Ende des Jahres schweigen zu müssen über das, was ab 1. Januar 1973 jede Bundesregierung erwartet. Ich bin nicht bereit, eine Politik zu unterstützen, die nach außen den Eindruck erweckt, die Regierung lebe nach dem Motto: ‚Nach uns die Sintflut' […] Die Regierung hat die Pflicht, über den Tellerrand des Wahltermins hinauszublicken und dem Volk rechtzeitig zu sagen, was zu leisten ist und was zu fordern ist. Diese von mir mehrfach empfohlene Strategie ist bisher im Kabinett nicht einmal andiskutiert, geschweige denn akzeptiert."[110]
Es war ein nobler Brief, der Klarheit in der Sache mit persönlicher Würde verband. Schiller blieb bei den Positionen, die er im Kabinett vertreten hatte. Noch am selben Abend ließ er das Schreiben durch einen Boten im Kanzleramt abgeben. Damit hatte er auf der amtlichen Ebene für Klarheit gesorgt. Aber Willy Brandt war zugleich SPD-Vorsitzender, und in dieser Eigenschaft erhielt er am nächsten Tag einen weiteren Brief Schillers, in dem der demissionierte Minister einer Gewohnheit treu blieb, von der er sich auch früher in vergleichbaren Situationen hatte leiten lassen: Er versuchte, sich möglichst viele Optionen offen zu halten, und bat Willy Brandt, ihm für die bevorstehende Bundestagswahl einen vorderen, also sicheren Platz auf der SPD-Landesliste in Nordrhein-Westfalen zu bestätigen. Zugleich gab er Brandt zu verstehen, für den Wahlkampf sei die „Abtakelung einer politischen Figur", womit er sich selbst meinte, „sicherlich höchst sinnlos".[111]
Dieser Brief zeigte bei Schiller ein offenkundiges Defizit in der Wahrnehmung der Realität. Seine Reputation in der nordrheinwestfälischen SPD tendierte, und zwar wesentlich durch seine eigene Schuld, gegen Null. Eine Bundestagskandidatur ließ sich

Am 7. Juli 1972 endete Karl Schillers glanzvolle politische Karriere: Übergabe der Amtsgeschäfte an seinen Nachfolger Helmut Schmidt (rechts).

nicht mehr bewerkstelligen – auch nicht durch den Parteivorsitzenden. Taktisch war der Brief ein schwerer Fehler, denn er eröffnete seinen Widersachern in der Partei ein für ihn gefährliches Diffamierungspotenzial – das Argument, Schiller sei aus rein egoistischen Motiven zurückgetreten, weil ihm eine Bundestagskandidatur und die Zusage für ein erneutes Ministeramt verweigert worden seien. Im Kanzleramt waren die Würfel unterdessen gefallen. Der Regierungschef nahm Schillers Rücktritt an. Das Schreiben des Bundeskanzlers erhielt er am 6. Juli. Am 7. Juli händigte ihm Bundespräsident Gustav Heinemann, von dem Schiller vergeblich eine Vermittlung erhofft hatte, die Entlassungsurkunde aus, und am selben Tag übergab er seinem Nachfolger die Amtsgeschäfte: Helmut Schmidt. Der einstige Referent hatte seinen früheren Dienstherrn endgültig überrundet. Für Karl Schiller war dieser Tag der Absturz eines lange vom Erfolg verwöhnten Politikers aus den Höhen der Macht. Und nicht nur das: Er stand am Anfang einer langen Sinn- und Lebenskrise.

Bittere Jahre nach dem Rücktritt

Das Drama um den Rücktritt schien beendet, als ein publizistischer Paukenschlag die Beteiligten und das Publikum erneut in Aufregung versetzte. Karl und Etta Schiller hatten sich bald nach der Demission in ein Urlaubsquartier im Tessin zurückgezogen, das Ehepaar Brandt erholte sich in Norwegen, als die Illustrierte „Quick" den vollständigen Text des Rücktrittsbriefes an den Bundeskanzler veröffentlichte. Bestürzt waren beide, Brandt wie Schiller, als sie davon erfuhren, wenngleich aus unterschiedlichen Gründen. Dem Ex-Minister war sogleich klar, dass der Konflikt mit dem Kabinett damit eine neue Dimension erreicht hatte. Er persönlich geriet in den Verdacht, der Urheber dieser Indiskretion zu sein, was auch sogleich in der „Baracke", dem SPD-Hauptquartier, unterstellt wurde. Willy Brandt war entsetzt, weil die Argumente, die Schiller angeführt hatte, Wasser auf die Mühlen der Opposition waren, und das vor einem Bundestagswahlkampf. Die logische Folge war, dass die SPD-Führung nun Schillers Rücktrittsgründe zu konterkarieren und ihn selbst zu demontieren suchte. Die Stichworte dafür hatte Fraktionschef Herbert Wehner schon einen Tag nach dem Rücktritt ausgegeben. Auf einer SPD-Veranstaltung in seinem Wahlkreis Hamburg-Harburg nannte er Schillers Gründe eine „Legende". In Wahrheit sei es ihm um Zusagen für eine erneute Bundestagskandidatur und sein Ministeramt gegangen. Wehner nutzte damit die Blößen aus, die

Schiller sich mit seinem Brief vom 2. Juli an Brandt gegeben hatte.

Erst allmählich wurde Karl Schiller bewusst, wie dramatisch sich seine Situation verändert hatte. Die Tatsache, dass der Rücktrittsbrief publik geworden war, wenngleich mit Sicherheit ohne sein Zutun, wog bald schwerer als das Schreiben selbst und drohte ihn in eine Situation hineinzutreiben, in der seine Widersacher, allen voran Erhard Eppler, ihn des Verrats an der

Am 7. Juli 1972 händigt Bundespräsident Gustav Heinemann (rechts) dem zurückgetretenen Bundesminister Karl Schiller die Entlassungsurkunde aus.

gemeinsamen Sache bezichtigten. Und es war nur ein Schritt, bis auch seine persönliche Integrität in Zweifel gezogen wurde. Seine analytischen Fähigkeiten, der vielleicht wichtigste Grund für seinen steilen Aufstieg in der Politik, versagten in dieser Phase, als es um seine eigene Person ging, in erstaunlichem Ausmaß. Er hatte nun wahrlich Anlass und Zeit genug, um darüber nachzudenken, ob er überhaupt noch am politischen Diskurs teilnehmen wollte, und wenn ja, in welcher Rolle und Funktion. Seine langjährige Erfahrung hätte ihm sagen müssen, dass auch in der Politik mit all ihren Kontroversen und Konflikten die alte Lebensregel gilt: Die Zeit ist ein Landarzt, der eilt und heilt. Er hätte sich im öffentlichen Bewusstsein als „elder statesman" etablieren können, der mit Gelassenheit, über den Dingen und den Parteien stehend, mit der Autorität eines bedeutenden Ökonomen den Deutschen sagte, wie es um ihre Wirtschaft stand, und wie sie ihren Wohlstand bewahren konnten. Stattdessen verhielt er sich so, dass er erst Thema von Spekulationen, dann sogar der Adressat von öffentlichen Verleumdungen wurde. Zunächst ließ Karl Schiller sich auf einen politischen Flirt mit den Unionsparteien ein, obwohl er zu diesem Zeitpunkt noch Mitglied des SPD-Vorstandes und des Parteipräsidiums war. Er traf sich mit dem CDU-Vorsitzenden Rainer Barzel, was natürlich publik wurde, und sein früherer Kabinettskollege Franz Josef Strauß schwärmte bereits öffentlich von einer Neuauflage des Erfolgsduos „Plisch und Plum."[112] Man muss sich dabei vor Augen halten, dass die „heiße Phase" des Bundestagswahlkampfes unmittelbar bevorstand.

Ende September trat Karl Schiller dann aus der SPD aus, weil sie das marktwirtschaftliche System infrage stelle. Seinem Amtsnachfolger Helmut Schmidt warf er eine „demagogische Verharmlosung der aktuellen inflatorischen Entwicklung" vor. Schmidt hatte die Auffassung vertreten, fünf Prozent Preissteigerungen könnten die Deutschen leichter ertragen als fünf Prozent Arbeitslosigkeit. Dann stellte Karl Schiller sich für eine Anzeigenserie zur Verfügung, in der er gemeinsam mit Ludwig Erhard, aber auf überparteilicher Grundlage, für die Bewahrung der sozialen Marktwirtschaft warb. Dieser Auftritt mit dem „Vater des Wirtschaftswunders", gegen dessen Mythos Karl Schiller im Bundestag so medienwirksam zu Felde gezogen war, wurde in der Öffentlichkeit als Parteinahme für die CDU interpretiert und brachte ihn in seiner alten Partei auch noch um den letzten Rest an Verständnis und Sympathie.

Die Tatsache, dass die Annäherung an die Union auch öffentlich dem Ehrgeiz seiner Ehefrau zugeschrieben wurde, entlastete ihn in den Augen seiner Kritiker keineswegs, sondern trug ihm im Gegenteil den Ruf ein, nach Ettas Pfeife zu tanzen. Auch erinnerte man sich daran, dass er als Doppelminister in den Ruch der Vetternwirtschaft geraten war, weil er 1972 seinen Schwager, den Geologieprofessor Eberhard Machens, zum Leiter der seinem Ministerium unterstehenden Bundesanstalt für Bodenforschung berufen hatte. Den öffentlichen Protesten der gesamten Belegschaft gegen diese Ernennung hatte er damals nachgeben und seine Entscheidung rückgängig machen müssen. Die Tonlage, in der nun über Schiller berichtet wurde, nahm gehässige und teilweise infame Züge an. Günter Grass, sein Freund aus Berliner Zeit, attackierte ihn in einem Offenen Brief: „Sie haben den Halt aufgegeben. Offenbar neuen Halt suchend sind Sie in schlechte Gesellschaft geraten […] Kommen Sie zur Besinnung, Karl Schiller; ich möchte mich Ihrer nicht bis zur Sprachlosigkeit schämen müssen."[113] Der einstige Medienstar Schiller war auf dem Weg zum Paria der politischen Klasse, und die vorgezogene Bundestagswahl vom 19. November 1972 verstärkte diesen Trend noch, weil sie die Warnungen widerlegte, mit denen er zurückgetreten war: Die SPD erreichte vor allem dank des Charismas, das der Friedensnobelpreisträger Willy Brandt inzwischen ausstrahlte, mit 45,8 Prozent das beste Ergebnis ihrer Geschichte und wurde zur stärksten Partei. Henri Nannen höhnte, „der eitle Professor Schiller" möge „die Silberlinge für seinen Verrat nun kassieren […] wo er sie findet".[114] Schiller reagierte darauf mit einem Strafantrag wegen Verleumdung, der die Justiz jahrelang beschäftigte.

Nach der Demission hoffte der einstige „Superminister" zunächst auf ein seiner bisherigen Stellung angemessenes Angebot aus dem Unternehmerlager, doch solche Offerten blieben aus. Ende Februar 1973 empfing er den Journalisten Ben Witter in seinem kleinen Bonner Büro und schilderte ihm, wie er sich seine Zukunft dachte: „Ich strebe jetzt keinen glanzvollen Job mit furchtbar viel Geld an. Wenn es so läuft, wie ich es mir vorstelle, wird es sich um eine Tätigkeit im internationalen Wirtschaftsbereich handeln. In Übersee und in der Schweiz ist die Handelsmarke Karl Schiller ja nicht schlecht. Es wird eine Sachverständigen- und Gutachtertätigkeit sein."

Auch über das Verhältnis zu seiner Frau, das ja zu einem politischen Thema geworden war, äußerte er sich: „Wir stimmen uns immer gegenseitig ab, wir analysieren, und wir kommen zu Resultaten." Die Art und Weise, in der diese ehelichen Abstimmungsprozesse verliefen, und die Ergebnisse hatten in den vergangenen Jahren dazu geführt, dass unter den Bonner Korrespondenten allerlei Anekdoten im Umlauf waren, die Etta Schiller in der Rolle einer „heimlichen Superministerin" sahen. Manche dieser Geschichten waren neidischer Klatsch, manche waren halbwahr, andere trafen zu. In Bonn fiel auf, dass Schillers Garderobenbestand offenkundig von seiner Frau als verbesscrungswürdig beurteilt und dementsprechend modernisiert worden war. Auch wurde registriert, dass er zur Tabakspfeife griff, wo er früher Zigaretten bevorzugt hatte. Derlei Image-Korrekturen und ähnliche eheliche Einwirkungen blieben in dem Rahmen, den auch andere Politiker-Ehefrauen für sich in Anspruch genommen hatten, Wilhelmine Lübke zum Beispiel oder Margot Mende. Bedenklicher war schon, dass Etta Schiller als Urheberin der Idee genannt wurde, die Kabinettsmitglieder samt Ehefrauen abends auch privat zusammenkommen zu lassen. Auch hielt die Steuerjuristin mit ihrer Meinung zu finanzpolitischen Entscheidungen der Bundesregierung nicht hinter dem Berg. Nach dem Rücktritt ihres Mannes hatte sie im Gespräch mit Journalisten zu Protokoll gegeben: „Nur die Bürgerlichen können mit Geld umgehen, mein Mann muss zur CDU, da wird er gebraucht."[115] So kam es, dass sie in der Öffentlichkeit als eine „Mischung aus Dompteur, Irrenarzt, Chefberater und Krankenpfleger"[116] wahrgenommen wurde. Etta Schiller, die bei dem Gespräch mit Ben Witter zeitweise anwesend war, beleuchtete das eheliche Verhältnis mit der Feststellung: „Mein Mann ist sehr sensibel", und fügte hinzu: „Ich weniger."[117] Das war, wie Karl Schiller genau wusste, eine lapidare Untertreibung, denn er hatte bei einer anderen Gelegenheit auch schon knurrend geäußert: „Man kann sich an ihr die Zähne ausbeißen." Das bekam er in den nächsten Monaten zur Genüge zu spüren. Das eheliche Verhältnis verschlechterte sich rapide. Beide wurden nicht damit fertig, nach dem Abtritt aus dem öffentlichen Rampenlicht nun auf ihre private Existenz zurückgeworfen zu sein, und ihre Erwartungen an das gemeinsame Leben waren nicht mehr auf einen Nenner zu bringen. Als Schiller Anfang August 1973 von einem Besuch bei Axel Springer in dessen Sommerhaus in Kampen auf Sylt, das gerade Ziel eines Brandanschlags gewesen war, in die eheliche Wohnung in Bonn-Endenich zurückkehrte, war Etta Schiller ausgezogen. Die Ehe war, wie sich bald zeigte, endgültig gescheitert. Im Juli 1974 wurde sie geschieden.

Der Verlust der Partnerin, welchen Anteil auch immer er sich daran selbst zuschreiben musste, war für Karl Schiller, dem das Alleinleben schwer fiel, ein tiefer Einschnitt, der verhängnisvoll in seiner generellen persönlichen Lebensbilanz zu Buche schlug.

Das Amt verloren, wenn auch aus respektablen Gründen, die Beziehungen zur Partei vergiftet, das öffentliche Ansehen ruiniert, Freundschaften zerbrochen, das Verhältnis zu den eigenen Kindern distanziert – sein Selbstwertgefühl war tief erschüttert. Schiller geriet in eine schwere seelische Krise, sein Gesundheitszustand verschlechterte sich bedrohlich.

Hilfe wurde ihm auf einem Wege zuteil, der ihn sicherlich überrascht hat. Der Hamburger Nationalökonom Professor Heinz-Dietrich Ortlieb, mit dem ihn schon seit seinen Anfängen in der Hansestadt ein Vertrauensverhältnis verband, vermittelte im Sommer 1974 die Bekanntschaft zu der in Uelzen lebenden konservativen Psychologin Christa Mewes, die als erfolgreiche Autorin mit vehementer Kritik an der 68er-Bewegung hervorgetreten und gesellschaftspolitisch einflussreich war. Sie und ihr Mann nahmen den seelisch aus den Fugen geratenen Ex-Minister für ein halbes Jahr in ihrem Haus auf, und diese sechs Monate waren ein Segen für Karl Schiller. Er fand schrittweise ins Leben zurück. Bemerkenswert war, dass im Verlauf dieser Genesung seine religiöse Gleichgültigkeit sehr zur Freude seiner Gastgeber einer zwar vorsichtigen, doch erkennbaren Annäherung an den christlichen Glauben wich.

Auch beruflich tat sich eine neue Perspektive auf: Er übersiedelte nach Hamburg und nahm ein Angebot des Verlegers Axel Springer an, in dessen Pressekonzern die Leitung der neu gebildeten Volkswirtschaftlichen Abteilung zu übernehmen. Zugleich sollte er „den Redaktionen des Hauses mit Berichten, Analysen und Kommentaren zu internationalen Wirtschaftsfragen informierend und beratend zur Seite stehen", wie es dazu in einer Verlautbarung des Verlages hieß. Er war damit unmittelbar dem damaligen Alleinvorstand Peter Tamm zugeordnet, gehörte jedoch nicht zur Geschäftsleitung, und bezog am 15. Oktober 1975 ein Büro im Hamburger Verlagshaus. Insider überraschte dieses Engagement nicht, denn Karl Schiller hatte seit seinen Jahren als Hamburger und mehr noch als Berliner Wirtschaftssenator gute Beziehungen zu Axel Springer für wichtig gehalten, und er war in den Zeitungen des Konzerns immer wieder als Gastautor in Erscheinung getreten.

In der SPD und im linken Medienspektrum wurde seine Tätigkeit für das Haus Springer jedoch mit Häme kommentiert, und

selbst die konservative „Frankfurter Allgemeine Zeitung" berichtete darüber mit der süffisanten Schlagzeile „Professor Karl Schiller nun auch Springer-Redakteur". Er selbst fand die öffentlichen Herabsetzungen seiner Person unbegreiflich. In England, so meinte er im Gespräch mit Ben Witter, „würde man niemanden zur Unperson erklären, der seinen Zylinder nahm". Auf einer Urlaubsreise war er zufällig an einem Landhaus vorbeigekommen, das dem britischen Politiker Anthony Eden gehört hatte: „Was mit dem alles passiert ist [...] Aber die Engländer, die mit mir davor standen, zeigten mit einer Miene auf das Haus, die sagen wollte: ‚Der gehört zu uns.'"[118]
Schillers Zeit im Verlagshaus Axel Springer war für beide Seiten kein Erfolgserlebnis. Das hatte strukturelle und individuelle Gründe. Mit seinem Ausscheiden am 31. Januar 1978 wurde auch die Volkswirtschaftliche Abteilung wieder aufgelöst. Peter Tamm ließ damals intern mitteilen, Schiller habe das Haus verlassen, „um sich verstärkt neuen gutachterlichen Aufgaben zuzuwenden". In der Tat wurde er zu einem weltweit gefragten und entsprechend honorierten Wirtschaftsberater. Helmut Schmidt, inzwischen Bundeskanzler, unterstützte ihn dabei, so während eines Staatsbesuches in Saudi-Arabien, bei dem er seinen Gastgebern den einstigen Kabinettskollegen als erstklassigen Experten empfahl. Auch Kuwait, der Iran, Pakistan, die Weltbank, der Internationale Währungsfonds, die Fordwerke und andere Institutionen und Großunternehmen sicherten sich den Rat des erfahrenen Ökonomen. Nach der wissenschaftlichen und der politischen war dies seine dritte Karriere. Sie ließ ihn wohlhabend werden.
Auch Schillers Privatleben stabilisierte sich. Am 28. April 1978 heiratete er in Jesteburg in der Lüneburger Heide, wo er einen repräsentativen Bungalow erworben hatte, die geschiedene 41-jährige Juristin Vera-Sylvia Noelle-Wying, die zwei Kinder mit in die Ehe brachte. Beide kannten sich schon seit elf Jahren, denn ihre ältere Schwester war eine Schulfreundin von Etta Schiller, und auf dem Hof bei Iserlohn, wo er sich mit Etta so häufig getroffen hatte, waren sie einander oft begegnet. Es wurde eine glückliche Ehe. Die vierte Frau Schiller wusste ihren komplizierten Ehemann zu nehmen, indem sie ihm einerseits die Bewunderung schenkte, deren er bedurfte, andererseits aber

sich als eigene Persönlichkeit in einer Weise zur Geltung brachte, die er akzeptierte. Hilfreich war dabei, dass Karl Schiller vielleicht das erste Mal in seinem stürmischen Leben innerlich zur Ruhe kam und gelassener und toleranter wurde. Auch sein Konflikt mit der SPD, von dem er stets gesagt hatte, er habe sachliche und keine persönlichen Gründe gehabt, was in dieser Form sicher unzutreffend war, entspannte sich allmählich und wandelte sich zu einem Verhältnis milder Freundlich-

Die vierte Ehe wurde zur glücklichen Partnerschaft: Vera-Sylvia und Karl Schiller, Foto von 1986.

keit. Willy Brandt, der für Schiller stets die zentrale Bezugsperson in der SPD gewesen und geblieben war, hatte daran großen Anteil. Schon das Schreiben, mit dem er Schillers Rücktritt vom Amt des Doppelministers angenommen hatte, enthielt eine Schlusspassage, die zum Ausdruck bringen sollte, dass der menschliche Respekt nichtsdestotrotz geblieben war: „Lieber Karl Schiller! Ich denke in diesem Augenblick stark an die – Berlin einschließenden – Jahre enger Zusammenarbeit, die – wenn ich es recht sehe – viel Positives gebracht haben. Demgegenüber könnte das verblassen, was jetzt zur Trennung in Bezug auf die Form der Zusammenarbeit führt."[119]

Das war eine noble Haltung, die Willy Brandt beibehielt. Als er am 6. Mai 1974 im Zusammenhang mit der Spionage-Affäre um Günter Guillaume zurücktrat, schrieb Schiller ihm einen warmherzigen Brief, in dem er ihm auch unter Hinweis auf die eigenen Erfahrungen Mut zu machen und Zuversicht zu geben versuchte. Brandt empfand das als wohltuende Geste. Indessen war es bezeichnend für die Lage, in der sich die beiden langjährigen Weggefährten mittlerweile befanden, dass ihr erstes Wiedersehen nach Schillers Rücktritt unter Umständen stattfand, die dem Agentenmilieu zu entstammen schienen: Am 29. Mai 1975 saß Willy Brandt in einem InterCity-Zug nach Hamburg. In Bremen stieg Karl Schiller zu ihm ins Abteil, und so kam es zu einer Aussprache, in der Schiller den Wunsch äußerte, sein Verhältnis zur SPD zu bereinigen.[120] Brandt versprach ihm, dabei behilflich zu sein, und er hielt auch Wort.

Auf der offiziellen Ebene gelang diese Operation allerdings leichter als in der Partei. Helmut Schmidt sah keinen Grund, seine Beziehungen zu Karl Schiller nicht zu normalisieren, denn selbst einen leisen Anschein von Rivalität gab es nun wirklich nicht mehr. Schillers ökonomischen Sachverstand hatte er nie bezweifelt, er wusste seinen Rat durchaus zu schätzen und suchte ihn auch. In der SPD war alles sehr viel schwieriger. Karl Schiller galt in der Partei unverändert als der „Abtrünnige von 1972", und da Willy Brandt sich über diese Stimmung völlig im Klaren war, hatte er vorgeschlagen, Schiller möge zunächst den unverfänglichen Weg über die SPD-nahe Friedrich-Ebert-Stiftung gehen und dort einen Vortrag über die Wirtschaftspolitik der Bundesregierung halten. Selbst das ließ sich nicht kurzfristig realisieren. Einige Gegner wie etwa Alex Möller, sein Amtsvorgänger als Finanzminister, versuchten den Vortrag zu verhindern. Zu dieser Veranstaltung kam es erst nach einem Jahr, Mitte Juli 1976, und die Prominenz der SPD, auch Willy Brandt, zog es vor, nicht zu erscheinen.

Schiller ging nicht nach Canossa. Eloquent wie in seinen besten Zeiten würdigte er die grundsätzlichen Positionen der Bundesregierung, das Festhalten an den marktwirtschaftlichen Prinzipien, auch das Bemühen um Einsparungen im Haushalt, und stellte dem Kabinett Schmidt bei Bedenken gegen einzelne Maßnahmen alles in allem ein gutes Zeugnis aus: „Wir haben insgesamt eine Kombination von marktwirtschaftlicher Freiheit und sozialstaatlicher Ordnung gefunden, um die uns viele beneiden."[121]

Das war gewiss ein erster Schritt, um das Verhältnis zur SPD zu entkrampfen. Aber der Weg zurück in die Partei war dornig.

Finanzminister Hans Apel (SPD), dessen Doktorvater Schiller einst gewesen war, wurde mit der heiklen Sondierung beauftragt, ob Schiller in der Hamburger SPD wieder Mitglied werden könne. Das Ergebnis war deprimierend: In keinem Distrikt konnte man auf eine sichere Mehrheit rechnen. In der nordrhein-westfälischen SPD waren die Chancen sogar noch schlechter. Fünf Jahre vergingen, bis Karl Schiller wieder Mitglied seiner früheren Partei werden konnte. Wie es dazu kam,

Hans Apel 1974 als Bundesfinanzminister.

ist vor allem aus heutiger Sicht ein Beispiel für Skurrilitäten, von denen eben auch die Politik nicht frei ist. Der Saarbrücker Oberbürgermeister Oskar Lafontaine, zur damaligen Zeit ein Sozialdemokrat des linken Parteiflügels, hatte Ende der siebziger Jahre das Gespräch mit Karl Schiller über wirtschaftspolitische Probleme gesucht und sich auch in Jesteburg mit ihm getroffen. 1980 bot er ihm als SPD-Spitzenkandidat für die Landtagswahl sogar das Amt des saarländischen Wirtschaftsministers an. Schiller fand das für sich nicht standesgemäß und lehnte die Offerte ab, versprach Lafontaine aber Unterstützung im Wahlkampf und gewährte sie auch. Als Gegenleistung erbot Lafontaine sich, Schiller den Weg zurück in die SPD zu ebnen, und so kam es, dass der Ortsverein St. Johann in Saarbrücken den einstigen „Superminister" bei einer Gegenstimme als neues Mitglied aufnahm. Natürlich erfuhr die Jesteburger SPD davon, und einige Genossen versuchten, einen Übertritt Karl Schillers zu organisieren, doch dieses Vorhaben scheiterte – es gab keine Mehrheit dafür.

Karl Schiller war heimgekehrt zur Sozialdemokratie – nicht als reuiger Sünder, nicht als verlorener Sohn, aber als einer, der mit seiner alten Partei nicht mehr in Unfrieden leben wollte. Er wurde nun nicht mehr wie ein politisch Aussätziger gemieden, er bewegte sich vielmehr ungezwungen auf den SPD-Parteitagen, und die SPD-Kanzlerkandidaten, Hans-Jochen Vogel ebenso wie Johannes Rau, erbaten seinen Rat und erhielten ihn. Er war für Zeitungs- und Fernsehredaktionen ein gefragter Gastautor und Interviewpartner, und als er im Juli 1984 in dramatischen nächtlichen Verhandlungen als Schlichter den Tarifkonflikt zwischen der Lufthansa und der Gewerkschaft ÖTV beilegte, wobei ihm seine Erfahrungen aus der „Konzertierten Aktion" seiner Ministerzeit gewiss zustatten kamen, konnte er sich, erschöpft in sein Jesteburger Haus zurückgekehrt, der Glückwünsche kaum erwehren. Die Zeiten, in denen er Briefe nur noch in handschriftlicher Form erhielt, ohne Sekretärin und Ablage in den Büros der Absender, um den Kontakt zu ihm nicht rekonstruierbar werden zu lassen, waren ohnehin längst vorbei. Er konnte auch deutlicher als früher menschliches Mitgefühl bekunden. Als sein früherer Kabinettskollege Franz Josef Strauß im Juni 1984 mit dem Tod seiner Frau Marianne fertig werden musste, schrieb er ihm einen tröstenden Brief von großer Herzlichkeit. Er wurde überhaupt umgänglicher, verständnisvoller und duldsamer, und man schrieb das nicht nur den zunehmenden Lebensjahren, sondern vor allem dem Einfluss seiner Ehefrau Vera-Sylvia zu.

Es blieb Schiller erspart, an sich selbst die Berechtigung jenes zynischen Bonmots zu erfahren, nach dem in der Politik von den großen alten Männern am Ende nur noch die alten Männer bleiben. Er erlebte das Gegenteil und erfuhr vielfache Ehrungen. Sein einstiger Staatssekretär Klaus von Dohnanyi, nun Hamburgs Erster Bürgermeister, überreichte ihm am 6. Mai 1986 die Bürgermeister-Stolten-Medaille, eine der höchsten Auszeichnungen der Hansestadt, als Dank für seine Verdienste um Hamburg. Die Universität ernannte ihren früheren Rektor 1987 gemeinsam mit Helmut Schmidt zum Ehrensenator, und zu seinem 80. Geburtstag am 24. April 1991, den die überregionalen Zeitungen ausführlich würdigten, verlieh Bundespräsident Richard von Weizsäcker ihm das Große Bundesverdienstkreuz. Im Kaisersaal des Hamburger Rathauses herrschte an diesem Tag das milde Licht der Versöhnung, als Bürgermeister Henning Voscherau langjährige Weggefährten, aber auch Widersacher aus den Zeiten der bitteren Konflikte um den Politiker Karl Schiller als Gäste eines Essens begrüßte, das der Senat dem Jubilar zu Ehren gab.

Helmut Schmidt schrieb Schiller einige Tage später einen Brief, der gleichsam die Quintessenz ihrer fast über ein halbes Jahrhundert reichenden Beziehung war: Hätte er, der Altbundeskanzler, statt Henning Voscherau die Laudatio im Kaisersaal des Rathauses halten dürfen, so wäre ihm dies „eine erwünschte Gelegenheit gewesen, Dir einmal im Leben persönlichen Dank zu sagen für vieles, was ich von Dir gelernt habe". Das gelte selbst für die Bonner Jahre.[122]

Das alles waren mehr als freundliche Gesten, und Karl Schiller selbst empfand es auch so. Es waren für ihn späte, aber wichtige Genugtuungen, Balsam für die seelischen Verletzungen, an denen er mehr gelitten hatte, als er nach außen zu erkennen gab, und die vielleicht tiefer reichten, als ihm selbst bewusst war.

Am Ende seines langen Weges als Ökonom und Politiker hatte ihm das Schicksal noch einmal eine Rolle zugedacht, in der er wie zu seinen besten Zeiten mit seinen klaren Analysen und prägnanten Formulierungen ein Millionenpublikum faszinieren konnte.

Der schwierige Weg in die offene Gesellschaft

Karl Schiller gehörte nicht zu jenen Sozialdemokraten, die sich mit dem Ende der DDR und mit der deutschen Einheit schwer taten. Seine Gedenkrede 1961 zum achten Jahrestag des Volksaufstands in der DDR am 17. Juni 1953 in der Hamburger Universität und seine Reden als Berliner Wirtschaftssenator belegen zur Genüge, dass für ihn die deutsche Teilung eine offene Wunde war und blieb. Die Ostpolitik Willy Brandts hat er als Bundesminister aus Überzeugung mitgetragen, aber gewiss nicht in dem Glauben, damit könne man ein für allemal die deutsche Frage zu den Akten legen. Als Ende 1989 die Mauer fiel, sah er die Gestaltungsaufgabe, vor der die Bonner Deutschlandpolitik nun stand, naturgemäß vor allem unter ökonomischen Aspekten. Die Frage, wie mit dem verheerenden wirtschaftlichen Erbe der DDR umzugehen sei, und wie nach der staatlichen auch die wirtschaftliche Einheit erreicht werden könne, war das zentrale Thema, und Karl Schiller kehrte als Interviewpartner mit einer Souveränität in die Medien zurück, die eindrucksvoll war und an seine beste Zeit erinnerte. Nicht bei den Wirtschaftsministern jener Jahre, den Freidemokraten Helmut Haussmann (1988–1990) und Jürgen Möllemann (1990–1993), lag die Deutungshoheit über die ökonomischen Probleme der Einheit, sondern bei Karl Schiller.
Einfach und überzeugend, wie man es von ihm gewohnt war, erklärte der Achtzigjährige vor den Fernsehkameras die kompli-

zierten wirtschaftlichen Zusammenhänge wie einst, als er die Aufwertung der Deutschen Mark zum Wahlkampfthema gemacht hatte. Sein untrüglicher Sinn für einprägsame Formulierungen, seine Fähigkeit zum Appell an die wirtschaftliche Vernunft hatten ihn nicht verlassen. Er blieb bei seinem Erfolgsrezept: „So viel Wettbewerb wie möglich, so viel Planung wie nötig", mit dem er Anfang der sechziger Jahre die SPD mit der Marktwirtschaft versöhnt hatte. Nur ging es jetzt darum, dieses

Im milden Licht der Versöhnung: Karl Schiller 1988,
bald ein gesuchter Ratgeber für die ökonomischen Probleme der Einheit.

Konzept den ökonomischen Gegebenheiten anzupassen, die mit dem Ende der DDR offenbar geworden waren, und zugleich das Instrumentarium für die beispiellose Herausforderung zu entwickeln, die mit der Einheit verbunden war.
Karl Schiller war für eine rasche Wirtschafts- und Währungsunion mit dem östlichen Teil Deutschlands. Den Menschen dort Mut zu machen, hielt er für eine vordringliche Aufgabe der Politik. Aber zugleich mahnte er die Bundesregierung unter Kanzler Helmut Kohl, den Einigungsprozess seriös zu finanzieren, und die Tarifparteien, sich mit der Lohnanpassung mehr Zeit zu lassen und sich am Produktivitätsfortschritt zu orientieren. Auf die stimulierende Kraft des Wettbewerbs vertraute er dabei noch mehr als früher. Als er Anfang 1990 mit einer Hamburger Wirtschaftsdelegation unter Führung von Bürgermeister Henning Voscherau (SPD) in Ostberlin mit Ministerpräsident

Hans Modrow, der Wirtschaftsministerin Professor Christa Luft und dem Außenwirtschaftsminister Gerhard Beil (alle SED) zusammentraf, war er konsterniert über die Hartnäckigkeit, mit der die Erben Erich Honeckers an der Zentralverwaltungswirtschaft der DDR festhielten, obwohl deren völliges Scheitern offenkundig war. Nach dem Gespräch mit der Wirtschaftsministerin fand Schiller: „Das kann so nicht funktionieren." Gewiss sind auch ihm bei der Beurteilung der Startchancen für die ostdeutsche Wirtschaft Irrtümer unterlaufen. So hielt er den Anteil der Unternehmen, die sich dem ungehinderten Wettbewerb auch wirklich stellen konnten, für höher, als er tatsächlich war. Aber mit solchen Fehleinschätzungen stand er wahrlich nicht allein. Niemand hatte den maroden Zustand des Produktionsapparats in der DDR für möglich gehalten.

Schiller vermisste bei den Bemühungen, die deutsche Einheit wirtschaftlich zu bewältigen, den langen Atem einer auf festen konzeptionellen Grundlagen beruhenden Politik. „Es ist grotesk, in welcher Wirrnis wir uns heute befinden", klagte er 1992. Um einen Beitrag zur Überwindung dieses Zustands ging es ihm bei seinem letzten Buch „Der schwierige Weg in die offene Gesellschaft"[123], in dem er sich mit den ökonomischen Problemen der Einheit auseinandersetzte. Er verlangte für die Wirtschaft der neuen Bundesländer weniger Staat, also eine Deregulierung auf breiter Front, und mehr Vertrauen in den Markt, mehr Wachstums- und weniger Verteilungspolitik. Die Wiedervereinigung, das war seine feste Überzeugung, für die er stand und kämpfte, dürfe nicht vornehmlich ein Konsumprogramm, sondern sie müsse ein Investitionsprojekt sein, und es sei Aufgabe und Pflicht der Politik, dafür die Voraussetzungen und Rahmenbedingungen zu schaffen. Die Kostendiskussion fand er blamabel. Als er wirtschaftspolitischer Sprecher der SPD war, hatte er verkündet: „Der vitale Elan der Marktwirtschaft ist auf Dauer ein unverzichtbarer Bestandteil unserer freiheitlichen Wirtschaftsordnung."[124] Bei diesem Credo blieb er auch für die neuen Bundesländer.

Zugleich enthält sein letztes Buch jedoch eine Mahnung, die über die ökonomische Bewältigung der deutschen Einheit hinausreicht und inzwischen für unsere Gesellschaftsordnung insgesamt eine bedrückende Aktualität gewonnen hat: „Nicht die

Prinzipien der offenen Gesellschaft, nicht das marktwirtschaftliche Regelwerk, nicht der Wettbewerb als Entdeckungsverfahren tendieren zur Raffgesellschaft, sondern die Beschädigungen der Moralregeln, wie sie in den letzten Jahren deutlich sich zeigen, sind das eigentliche Problem."[125]
Nachdem das Buch erschienen war, empfing Karl Schiller in seiner stilvoll eingerichteten Wohnung am vornehmen Leinpfad in Hamburg-Winterhude, in die das Ehepaar mittlerweile gezogen war, um mehr Geselligkeit pflegen zu können, den Besuch des Journalisten Günter Stiller. Dem Gast bekannte er, er habe das Buch als „Privatgelehrter ohne Apparat" geschrieben – eine Arbeit, die ihm offenbar schwer fiel, auch hinsichtlich der Formulierungen. Bei Tee und Streuselkuchen plauderte er über seine Erlebnisse und Erfahrungen, auch über seinen größten Fehler: „Das war der Doppel-Minister [...] Das Wirtschaftsministerium war in Deutschland damals ein Überzeugungs- und Ordnungsministerium, das für Preisstabilität und ähnliche Werte zu sorgen hatte. Als ich aber Wirtschafts- und Finanzminister war, erkannte ich, dass ich nicht nur für Preisstabilität zu sorgen, sondern auch eine zweite Front der ‚Big spenders' im Kabinett gegen mich hatte. Die Haushaltssitzungen wurden unerfreulich, und als Finanzminister war ich das Angriffsziel Nummer eins."[126] Aber er hatte, so schien es dem Besucher, seinen Frieden mit dieser Schlussphase seiner politischen Laufbahn gemacht. Auf das Thema Staatsverschuldung angesprochen, mahnte Schiller zur Geduld: „Lieber die Begleichung der Schulden auf größere Zeiträume verteilen, als große Steuererhöhungen durchsetzen, um die Staatsschulden schneller zu reduzieren. Wie es geht, haben uns die USA nach dem Zweiten Weltkrieg gezeigt."
Schiller war kein Europa-Skeptiker. Aber in die europäische Integration mit fliegenden Fahnen hineinzumarschieren, hielt er für falsch. Ihm ging es um die richtige Reihenfolge. Die Frage des Reporters, wie die Bundesrepublik es mit Europa und Maastricht halten solle, beantwortete er ohne das geringste Zögern: „Da sollten wir uns Zeit lassen und erst einmal unser Haus in Ordnung bringen, bevor wir in dieses gewaltige Unternehmen einsteigen."
Stiller gewann bei diesem Besuch nicht den Eindruck, dass der Dreiundachtzigjährige den Hinfälligkeiten des Alters Tribut

zollen müsse – im Gegenteil: „Der Rücken ist kerzengrade, Auge und Ohr sind hellwach. Und vor jeder Antwort hält er wie früher ein paar Sekunden inne, um nachzudenken [...]" Doch Karl Schiller sollte das Jahresende nicht mehr erleben. Am 17. November 1994 wurde er mit geplatzter Bauchschlagader in das Universitätskrankenhaus Eppendorf eingeliefert. Dreimal musste er operiert werden. Von den Komplikationen erholte er sich nicht mehr. Er starb am Abend des zweiten Weihnachtstages. In seiner Bibel hatte er Psalm 90,12 markiert, in dem es heißt: „Lehre uns bedenken, dass wir sterben müssen, auf dass wir klug werden."

Noch einmal wurde dieser ungewöhnliche Mann, wurden sein Leben und seine Leistungen, seine Methoden und Metaphern zu einem großen Thema in den Medien. Die wichtigen Zeitungen, auch im Ausland, würdigten ihn in ausführlichen Nachrufen. Die „Frankfurter Allgemeine Zeitung" attestierte ihm: „Der Glaube an die Vernunft hat für Schiller, für seine Art, Politik zu entwerfen und der Öffentlichkeit anzudienen, immer eine zentrale Rolle gespielt. Er ist nie jenem Machbarkeitsirrtum der Aufklärung erlegen, der den Anspruch und die Zuversicht der Industriepolitiker und Planifikateure [Fachmann für volkswirtschaftliche Gesamtplanung] begründet, Zukunft mit Staatsgarantie zu gestalten. Das hat ihn, bis zuletzt, von seiner Partei getrennt, auch wenn er längst wieder zu ihr zurückgekehrt war und in Frieden mit ihr lebte."[127] Die vielleicht prägnanteste Formulierung fand die Londoner „Times" in ihrem noblen Beitrag über den einstigen Bonner Doppelminister: Selbst seine Widersacher, an denen es nicht gemangelt habe, hätten Karl Schiller zugestanden „to be a financial genius".[128]

Am 12. Januar 1995 nahm die politische Prominenz der Republik und der Stadt in einer ergreifenden Trauerfeier in der Hamburger Hauptkirche St. Petri Abschied von Karl Schiller. Seine Witwe war so schwer krank, dass sie daran nicht teilnehmen konnte. Ihr Abschiedsgruß an ihren Mann stand mit dem Bibelzitat „Die Liebe höret nimmer auf" (1 Korinther 13,8) in ihrer Traueranzeige: „Es war eine so schöne Zeit!" Vera-Sylvia Schiller erlag wenig später, am 2. Februar 1995, ihrem Krebsleiden. Beide fanden auf einem kleinen, idyllischen Waldfriedhof in Jesteburg ihre letzte Ruhe.

Die letzte Ruhestätte des Ehepaares Karl und Vera-Sylvia Schiller
auf einem malerisch gelegenen Dorffriedhof in Jesteburg.

Anmerkungen

1. Max Weber, Politik als Beruf, Berlin 1919, S. 495.
2. Max Weber, Wirtschaft und Gesellschaft, Tübingen 1956, S. 975.
3. Torben Lütjen, „Katz und Maus", Literarische Welt, 29. September 2007, S. 7.
4. Stenographische Berichte über die Sitzungen der Bürgerschaft zu Hamburg im Jahre 1946, S. 371–376, Zitat S. 376
5. „Denkschrift zur künftigen wirtschaftlichen Entwicklung Hamburgs", im Auftrage des Senats der Hansestadt Hamburg erstattet von der Gutachter-Kommission, Prof. Dr. Schiller. Staatsarchiv Hamburg, A 900/34.
6. „Ein richtiger Wirtschaftspolitiker", Handelsblatt, 28. Dezember 1994.
7. Johann Wolfgang von Goethe, Vorwort zu Dichtung und Wahrheit, Gesammelte Werke, Erster Band, Berlin 1932, S. 7.
8. Die Zeit, 2. März 1973.
9. Ebd.
10. Torben Lütjen, Karl Schiller (1911–1994). „Superminister" Willy Brandts, Bonn 2007, S. 17 (im Folgenden Lütjen).
11. Süddeutsche Zeitung, 28. Dezember 1994.
12. Lütjen, S. 50.
13. John Maynard Keynes, Treatise on Money, London 1930 (deutsch: Vom Gelde, Leipzig 1932).
14. Karl Schiller im Gespräch mit Uwe Bahnsen, 1966.
15. Die Zeit, 30. August 2007, Magazin „Leben".
16. Der Spiegel, 14. April 1969.
17. Bericht des Dekans an das Reichsministerium für Wissenschaft, Erziehung und Volksbildung vom 12. Juli 1939, Landesarchiv Schleswig-Holstein.

18 Brief Schillers an Professor Predöhl vom 29. April 1943, Landesarchiv Schleswig-Holstein.
19 Brief Predöhls an den NS-Dozentenbund vom 21. Februar 1944, Landesarchiv Schleswig-Holstein.
20 Brief Schillers an den Kurator der Universität Rostock, 17. Januar 1945, Landesarchiv Schleswig-Holstein.
21 Vgl. dazu auch Lütjen, S. 97.
22 Ludwig Gelder, Zurück auf die Märkte der Welt, Hamburg 1982, S. 114.
23 Vgl. dazu Uwe Bahnsen, Merkur, Macht und Moneten, Hamburg 2006, S. 25 ff.
24 „Denkschrift zur künftigen wirtschaftlichen Entwicklung Hamburgs, Hamburg 1947, S. 7, Staatsarchiv Hamburg.
25 Ebd., S. 10.
26 Ebd., S. 9.
27 Ebd., S. 10.
28 Ebd., S. 39.
29 Ebd., S. 50.
30 Ebd., S. 79.
31 Gelder, S. 128.
32 Denkschrift, S. 53. Zur Sozialisierungsdebatte vgl. auch Walter Tormin, bes. S. 168 ff.
33 Ebd., S. 9.
34 Vgl. Hans Werner Richter, Der junge Schiller, in: Ders., Plädoyer für eine neue Regierung oder keine Alternative, Reinbek bei Hamburg 1965, S. 88-95. Zitiert nach Der Spiegel, 9. Januar 1967.
35 Niederschrift der 73. Senatssitzung vom 8. Oktober 1948, Staatsarchiv Hamburg.
36 Gelder, S. 135.
37 Uwe Bahnsen, Merkur, Macht und Moneten, S. 33 ff.
38 Vgl. Neues Hamburg, 4. Folge, Hamburg 1949, S. 28. Vgl. auch Uwe Bahnsen, Merkur, Macht und Moneten, S. 42 ff.
39 Am 14. Dezember 1949 in einem Vortrag im Hamburger Rathaus.
40 Protokoll der Bürgerschaftssitzung vom 30. März 1949, Staatsarchiv Hamburg.
41 Protokoll der Bürgerschaftssitzung vom 13. Juli 1949, Staatsarchiv Hamburg.
42 Vgl. dazu Lütjen, S. 126 ff.
43 Der Brief Meitmanns befindet sich im Bundesarchiv, Nachlass Schiller.
44 Eine Abschrift des Briefes befindet sich im Staatsarchiv Hamburg.
45 Karl Schiller, Wirtschaftspolitische Leitsätze als Entwurf für den Wirtschaftsausschuss des Deutschen Bundesrates, in: Aufgaben und Versuche. Zur neuen Ordnung von Gesellschaft und Wirtschaft, Hamburg 1953, S. 105 ff.
46 Vgl. auch Karl Schiller, Produktivitätssteigerung und Vollbeschäftigung durch Planung und Wettbewerb (1953), in: Der Ökonom und die Gesellschaft. Das freiheitliche und soziale Element in der modernen Wirtschaftspolitik. Vorträge und Aufsätze, Stuttgart 1964, S. 122.
47 Der Spiegel, 9. Januar 1967.
48 Die Welt, 4. Mai 1957.
49 Ebd.

50 Karl Schiller, Zur Lage der deutschen Universitäten, Vortrag an der Hochschule München, 1956 o. D., Bundesarchiv, Nachlass Schiller.
51 Karl Schiller, Unsere moderne Universität, in: Neues Hamburg, XII, Juni 1958, S. 56–58 u. 111, Zitat S. 111.
52 Der Spiegel, 9. Januar 1967.
53 Hamburger Universitätsreden, Nr. 29, 1961.
54 Karl Schiller im Gespräch mit dem Autor, Sommer 1964.
55 Egon Bahr, Zu meiner Zeit, München 1996, S. 142 ff.
56 Die Zeit, 6. April 1962.
57 Der Spiegel, 9. Januar 1967.
58 Die Zeit, 6. April 1962.
59 Lütjen, S. 171.
60 Der Spiegel, 20. Juni 1962.
61 Ebd.
62 Ebd.
63 Ebd.
64 Ebd.
65 Ebd.
66 Karl Schiller, Berliner Wirtschaft und deutsche Politik, Stuttgart 1964, S. 68.
67 Der Spiegel, 20. Juni 1962.
68 Bahr, Zu meiner Zeit, S. 151.
69 Karl Schiller, Berliner Wirtschaft und deutsche Politik, S. 63.
70 Ebd., S. 67.
71 Ebd., S. 68.
72 Ebd., S. 69.
73 Der Spiegel, 9. Januar 1967.
74 Die Unterlagen über diesen Vorgang befinden sich im Schiller-Nachlass im Freiburger Walter-Eucken-Institut.
75 Hamburger Morgenpost, 29. Dezember 1964.
76 Abendecho, 2. Oktober 1965.
77 Claus Jacobi, Fremde Freunde Feinde, Berlin/Frankfurt am Main 1991, S. 67 ff.
78 Hermann Schreiber, „Schönste Blume im Bukett", Der Spiegel, 8. Dezember 1965.
79 Der Spiegel, 8. Dezember 1965.
80 Protokoll der Bundestagssitzung vom 29. November 1965.
81 BILD, 2. November 1965. Wann und von wem die für Schiller oftmals verwendete Bezeichnung „Callas der SPD" geboren wurde, lässt sich nicht mehr nachvollziehen.
82 Frankfurter Allgemeine Zeitung, 2. Dezember 1965.
83 Der Spiegel, 9. Januar 1967.
84 Frankfurter Allgemeine Zeitung, 1. Dezember 1966.
85 Der Spiegel, 9. Januar 1967.
86 Ebd.
87 Frankfurter Allgemeine Zeitung, 18.März 1967.
88 Ebd.
89 Aufzeichnung des Autors.
90 Der Spiegel, 14. April 1969.
91 Ebd.
92 Rudolf Augstein in seinem Nachruf auf Karl Schiller, Der Spiegel, 2. Januar 1995.
93 Die Welt, 28. Dezember 1994.
94 Der Spiegel, 14. April 1969.
95 Der Spiegel, 17. Mai 1971.
96 Der Spiegel, 14. April 1969.
97 Bild am Sonntag, 1. März 1970.
98 Der Spiegel, 29. Oktober 1970.
99 Zitiert nach Baring, Machtwechsel, S. 651 ff.
100 Ebd.
101 Ebd.
102 Der Spiegel, 17. Mai 1971.

103 Ebd.
104 Ebd.
105 Baring, Machtwechsel, S. 664.
106 Presseerklärung Philip Rosenthal, 16. November 1971.
107 Erhard Eppler, Komplettes Stückwerk, Frankfurt am Main, Leipzig 1996, S. 272.
108 Baring, Machtwechsel, S. 683.
109 Zitiert nach Conrad Ahlers, Wirtschaftswoche, 9. Februar 1973.
110 Baring, Machtwechsel, S. 673 ff.
111 Lütjen, S. 344.
112 Welt am Sonntag, 23. Juli 1972.
113 Frankfurter Rundschau, 7. Oktober 1972.
114 Stern, 26. November 1972.
115 Der Spiegel, 21. August 1972.
116 Ebd.
117 Die Zeit, 2. März 1973.
118 Ebd.
119 Baring, Machtwechsel, S. 684.
120 Vgl. dazu Lütjen, S. 374 ff.
121 Das Parlament, 12. April 1991.
122 Lütjen, S. 127.
123 Karl Schiller, Der schwierige Weg in die offene Gesellschaft: kritische Anmerkungen zur deutschen Vereinigung, Berlin 1994.
124 Sitzungsprotokolle des Deutschen Bundestages, 5. Wahlperiode, 22. Sitzung am 17. Februar 1966, S. 948.
125 Ebd., S. 115.
126 „Nur der Allmacht der Vernunft verpflichtet", Hamburger Abendblatt, 4. Mai 1994.
127 Frankfurter Allgemeine Zeitung, 28. Dezember 1994.
128 „Professor Karl Schiller", The Times, 28. Dezember 1994.

Glossar

Deflation
Ein über längere Zeit andauerndes Absinken des allgemeinen Preisniveaus und eine damit verbundene Kaufkraftsteigerung des Geldes. Ursachen der D. können eine anhaltend restriktive Geldpolitik, kontraktive Finanzpolitik (z. B. Steuererhöhungen, Ausgabenkürzungen), außenwirtschaftliche Hemmnisse oder strukturelle Faktoren sein. Die Deflationspolitik des Reichskanzlers Heinrich Brüning (1885–1970) im Endstadium der Weimarer Republik war verhängnisvoll. Gestützt auf die bürgerlichen Mittelparteien und toleriert von der SPD, versuchte Brüning ab 1930 die schwere Wirtschaftskrise durch eine fortgesetzte Anpassung der Staatsausgaben an den Schrumpfungsprozess der Wirtschaft sowie durch Lohn- und Gehaltssenkungen zu bekämpfen. Dieser Kurs war einer der Gründe für den Anstieg der Arbeitslosigkeit und die politische Radikalisierung.

Demontagen
Der erzwungene Abbau von Industrieanlagen in einem besiegten Land. Nach dem Zweiten Weltkrieg wurden in Deutschland D. auf der Grundlage der Beschlüsse durchgeführt, auf die sich die Westmächte (USA, Großbritannien, Frankreich) und die Sowjetunion auf den Konferenzen von Jalta (Februar 1945) und Potsdam (Juli/August 1945) verständigt hatten. Ein Industrieplan sah die D. von 1800 Industriebetrieben aus den Bereichen Eisen und Stahl, Chemie, Maschinen- und Fahrzeugbau, Schiffswerften sowie von Zulieferbetrieben der Grundstoffindustrie vor (der Morgenthau-Plan, benannt nach dem damaligen Finanzminister der USA, Henry Morgenthau, der die komplette De-Industrialisierung und die

Umwandlung Deutschlands in ein Agrarland vorsah, wurde bereits 1944 fallengelassen). Widerstände in Deutschland, aber auch in den USA führten zu mehrfachen Änderungen der D.-Pläne in der Bundesrepublik, die Ende 1950 ganz aufgegeben wurden. In der Sowjetischen Besatzungszone (SBZ) gingen die D. jedoch noch über die im Industrieplan festgelegten Ziele hinaus. In der Bundesrepublik hatten die von den D. erfassten Anlagen einen Wert von 5,4 Milliarden DM, in der SBZ von rund fünf Milliarden DM. (Siehe auch Reparationen)

ERP

Abkürzung für European Recovery Program („Europäisches Wiederaufbauprogramm"), auch als „Marshallplan" bezeichnet. Dieses Hilfsprogramm der Vereinigten Staaten für Europa wurde am 3. April 1948 auf Vorschlag des früheren US-Außenministers George C. Marshall (1880–1959) vom US-Kongress verabschiedet. Da die Ostblockländer eine Beteiligung ablehnten, blieb das Programm auf die Staaten Westeuropas beschränkt. Es umfasste Sachlieferungen, vor allem Lebensmittel, Rohstoffe und Ausrüstungen sowie Kredite. Die Bundesrepublik einschließlich Westberlins, die dem ERP-Abkommen am 15. Dezember 1949 beitrat, erhielt aus diesem Programm bis Ende 1957 insgesamt 1,7 Milliarden US-Dollar. (Siehe auch Marshall-Plan)

Formierte Gesellschaft

Von Bundeskanzler Ludwig Erhard (CDU) entwickeltes gesellschaftspolitisches Leitbild einer „kooperativen Demokratie", die „auf der Erkenntnis und dem Zwang zu gegenseitiger Abhängigkeit" beruhen sollte. Grundgedanke war die Auflösung gesellschaftlicher Konflikte durch den Appell an die Vernunft und die höhere Einsicht in die Erfordernisse des Gemeinwohls anstatt durch staatliche Reglementierung. Die Herrschaft der Verbände sollte beendet, stattdessen sollte die unerlässliche Steuerungsfunktion des Staates gestärkt werden.

Fünf Weise

Umgangssprachliche Bezeichnung für den Sachverständigenrat zur Begutachtung der gesamtwirtschaftlichen Entwicklung mit Sitz in Wiesbaden. Dieses aus fünf unabhängigen wirtschaftswissenschaftlichen Experten bestehende Gremium wird vom Bundespräsidenten auf Vorschlag der Bundesregierung berufen. Die F.W. haben ein Jahresgutachten vorzulegen, in dem die gesamtwirtschaftliche Lage und deren absehbare Entwicklung dargestellt wird. Darüber hinaus können die F.W. nach eigenem Ermessen oder auf Wunsch der Bundesregierung Sondergutachten erstellen.

Globalsteuerung

Im Stabilitätsgesetz verankertes Instrument der staatlichen Nachfragesteuerung. Durch wirtschafts- und finanzpolitische Maßnahmen sollen makroökonomische Größen wie das Volkseinkommen, die Geldmenge, der Konsum und das Investitionsvolumen so beeinflusst werden, dass ein gesamtwirtschaftliches Gleichgewicht im Sinne des „magischen Vierecks" (Preisstabilität, Vollbeschäftigung, außenwirtschaftliches Gleichgewicht, Wirtschaftswachstum) erreicht wird.

Inflation

Anhaltende Geldentwertung durch Anstieg des Preisniveaus. Die I. wird gemessen an einem Preisindex. Dessen prozentuale Steigerung innerhalb eines bestimmten Zeitraums wird als Inflationsrate bezeichnet. Nach den Ursachen werden unterschieden: Nachfrage-I. (durch Nachfrageüberhang gegenüber dem Angebot an Waren und Dienstleistungen), Angebots-I. (durch zu geringes Angebot), Kosten-I. (durch steigende Lohnkosten ohne entsprechende Produktivitätssteigerung) sowie die importierte I. (Ergebnis internationaler Preis- und Kapitalbewegungen).

Keynes

John Maynard Keynes (1883–1946), britischer Nationalökonom, gewann durch grundlegende Arbeiten zur Beschäftigungs- und Geldtheorie international großen Einfluss auf die Wirtschaftspolitik. K. vertrat die Auffassung, in einer Wirtschaftskrise müssten staatliche Arbeitsbeschaffungsprogramme zur Überwindung der Arbeitslosigkeit eingesetzt und auch durch Haushaltsdefizite finanziert werden. Grundsätzlich wollte K. das „deficit spending" als Instrument der Konjunktursteuerung einsetzen. Danach sollen in Rezessionsphasen Mehrausgaben und/oder Steuersenkungen zu zusätzlicher Nachfrage führen. Das dadurch entstehende Haushaltsdefizit soll durch Auflösen von (in früheren Boomphasen gebildeten) Rücklagen und/oder durch Kreditaufnahme finanziert werden.

Konzertierte Aktion

Das aufeinander abgestimmte Verhalten von Bund, Ländern und Tarifpartnern auf der Grundlage des Stabilitätsgesetzes. Damit sollen die im Stabilitätsgesetz definierten gesamtwirtschaftlichen Ziele Preisstabilität, Vollbeschäftigung, außenwirtschaftliches Gleichgewicht und angemessenes Wirtschaftswachstum („magisches Viereck") erreicht werden. Im engeren Sinne Bezeichnung für das 1967 vom damaligen Bundeswirtschaftsminister Karl Schiller eingerichtete wirtschaftspolitische Gesprächsforum, das seit Ende der 70er Jahre nicht mehr einberufen wurde.

Maastrichter Vertrag

Am 1. November 1993 in Kraft getretenes Vertragswerk über die Europäische Union (EU), das den politischen und wirtschaftlichen Zusammenschluss der Mitgliedstaaten der Europäischen Gemeinschaften beinhaltet. Ziele der EU sind die Förderung des sozialen und wirtschaftlichen Fortschritts, eine gemeinsame Außen- und Sicherheitspolitik und eine enge Zusammenarbeit in der Innen- und Justizpolitik.

Marktwirtschaft

Eine dezentrale Wirtschaftsordnung, bei der Art und Umfang der Produktion primär über Märkte gesteuert werden und die Preisbildung die Angebots- und Nachfrageentscheidungen der Wirtschaftssubjekte koordiniert. Als Voraussetzungen der M. gelten vor allem das Privateigentum an Produktionsmitteln, freier Wettbewerb, Gewerbe- und Vertragsfreiheit sowie freie Berufs- und Arbeitsplatzwahl. Die soziale Marktwirtschaft ist ein von Ludwig Erhard und Alfred Müller-Armack entwickeltes Konzept einer Wirtschaftsordnung, bei der der Staat sozial unerwünschte Resultate der freien Marktwirtschaft korrigiert. Aufgabe des Staates ist demnach, die Rahmenbedingungen für einen funktionierenden Wettbewerb zu schaffen, Konjunkturschwankungen durch eine entsprechende Konjunkturpolitik auszugleichen und die finanziell Schwachen durch ein soziales Netz (Sozialhilfe, Wohngeld, Kindergeld, Arbeitslosenversicherung) abzusichern.

Marshallplan

Nach dem früheren US-Außenminister George C. Marshall (1880–1959) benanntes Hilfsprogramm (offiziell European Recovery Program, ERP) der Vereinigten Staaten für Europa. Die Marshallplanhilfe wurde am 3. April 1948 vom US-Kongress verabschiedet. Da die Ostblockländer eine Beteiligung ablehnten, blieb das Programm auf die Länder Westeuropas beschränkt. Die Marshallplanhilfe umfasste Sachlieferungen, vor allem Lebensmittel, Rohstoffe und Ausrüstungen sowie Kredite. Die Bundesrepublik einschließlich Westberlins, die dem ERP-Abkommen am 15. Dezember 1949 beitrat, erhielt aus diesem Programm bis Ende 1957 insgesamt 1,7 Milliarden US-Dollar.

Mittelfristige Finanzplanung
Mehrjährige Planung der staatlichen Einnahmen und Ausgaben, die jährlich aktualisiert wird. Die mittelfristige Finanzplanung (auch „Mifrifi" genannt) soll die Kontinuität der jährlichen Haushaltsplanung stärken und sicherstellen, dass auch die Folgekosten neuer Haushaltsansätze erfasst werden.

Planwirtschaft
Wirtschaftsordnung, bei der eine zentrale Planungsbehörde auf der Grundlage von Zielvorgaben der staatlichen Führung die gesamte Volkswirtschaft durch verbindliche Pläne steuert. Diese Ziele werden nach Wirtschaftsbereichen und Betrieben aufgeschlüsselt. Wissenschaftlich korrekter ist der Begriff Zentralverwaltungswirtschaft, da auch in der Marktwirtschaft Planung stattfindet. Das System der P. hat sich aufgrund seiner mangelnden Flexibilität, der fehlenden Eigenverantwortung und seiner zwangsläufigen Überbürokratisierung weltweit als ineffektiv erwiesen.

Reparationen
Sach-, Geld- und Dienstleistungen, die einem besiegten Land von den Siegern als Kriegsentschädigung auferlegt werden. Nach dem Zweiten Weltkrieg beliefen sich die Reparationsleistungen an die Westmächte auf rund 517 Millionen Dollar. Dabei handelte es sich um Handelsschiffe, Auslandswerte und die Erträge von Demontagen. Die westdeutschen R. wurden 1954 beendet. Die Reparationsleistungen der SBZ und der DDR an die Sowjetunion waren mit 13 Milliarden Dollar sehr viel höher. Sie umfassten Demontagen, Beschlagnahmen und Lieferungen aus laufender Produktion.

Stabilitätsgesetz
Kurzbezeichnung für das Gesetz zur Förderung der Stabilität und des Wachstums der Wirtschaft vom 8. Juni 1967. Das St. stellt die rechtliche Grundlage für eine antizyklische Konjunkturpolitik dar und schreibt Bund und Ländern vor, das gesamtwirtschaftliche Gleichgewicht zu beachten und Preisstabilität, Vollbeschäftigung, außenwirtschaftliches Gleichgewicht und ein angemessenes Wirtschaftswachstum („magisches Viereck") anzustreben. Die Bundesregierung kann mit Zustimmung des Bundesrates steuerliche und haushaltspolitische Maßnahmen zur Abwehr von Störungen des gesamtwirtschaftlichen Gleichgewichts ergreifen und hat dem Bundestag jährlich den Jahreswirtschaftsbericht vorzulegen und die mittelfristige Finanzplanung aufzustellen.

Three Essentials

Von US-Präsident John F. Kennedy (1917–1963) proklamierte Grundsätze für die amerikanische Berlin-Politik, die nicht verhandelbar waren und notfalls auch militärisch durchgesetzt werden sollten. Sie betrafen den freien Zugang nach Westberlin, dessen wirtschaftliche Lebensfähigkeit und seine rechtlichen und wirtschaftlichen Bindungen an die Bundesrepublik.

Währungsreform

Die Neuordnung des zerrütteten Geldwesens in den drei westlichen Besatzungszonen und den Westsektoren Berlins am 20./21. und 25. Juni 1948 durch die Umstellung von Reichsmark (RM) auf Deutsche Mark (DM). Am Währungsstichtag erhielt jede natürliche Person einen Kopfbetrag von jeweils 40 DM gegen RM im Verhältnis 1:1. Im August 1948 wurden auf der gleichen Grundlage weitere 20 DM pro Person ausgezahlt. Unternehmen wurden mit einem Erstbetrag von 60 DM je Arbeitnehmer ausgestattet. Löhne und Gehälter, Mieten und Pachten, Renten und Pensionen sowie Beträge in Gesetzen und Verwaltungsakten wurden auf der Grundlage 1:1 umgestellt, die meisten Verbindlichkeiten im Verhältnis 10:1. Notwendig geworden war die W. vor allem durch die zurückgestaute Inflation als Folge der nationalsozialistischen Kriegswirtschaft. Unmittelbare Folge der W. waren ein sprunghafter Anstieg des Angebots an Konsumgütern und die rasche Auflösung der bis dahin gehorteten Warenlager. Die W. war mit dem gleichzeitigen Übergang zur sozialen Marktwirtschaft eine der Ursachen des Wirtschaftswunders.

Wirtschaftswunder

Umgangssprachliche Bezeichnung für die rasche wirtschaftliche Entwicklung in der Bundesrepublik Deutschland nach 1948. Ursachen des W., das im westlichen und neutralen Ausland mit Erstaunen und Respekt registriert wurde, waren die Währungsreform von 1948, die Rahmenbedingungen der von Ludwig Erhard konzipierten und durchgesetzten sozialen Marktwirtschaft, ausländische Hilfe, vor allem auf der Grundlage des Marshallplans, aber auch der ausgeprägte Leistungswille der gesamten Arbeitnehmerschaft.

Quellen und Literatur

Quellen

Archiv der sozialen Demokratie Bonn, Landesorganisation Hamburg.
Archiv der sozialen Demokratie Bonn, Landesorganisation Berlin.
Bundesarchiv Koblenz, Nachlass Karl Schiller.
Bundesarchiv Koblenz, Nachlass Alex Möller.
Landesarchiv Schleswig-Holstein, Schleswig, Personalakte Karl Schiller, Institut für Weltwirtschaft, Kiel.
Landesarchiv Schleswig-Holstein, Schleswig, Personalakte Karl Schiller, Universität Rostock (Kopie).
Staatsarchiv Hamburg (Behörde für Wirtschaft und Verkehr, Senatskanzlei, Universität).
Walter Eucken-Institut Freiburg, Nachlass Karl Schiller.

Literatur

Apel, Hans: Der Abstieg, Stuttgart 1990.
Bahr, Egon: Zu meiner Zeit, München 1996.
Baring, Arnulf: Machtwechsel. Die Ära Brandt–Scheel, Berlin 1998.
Barzel, Rainer: Ein gewagtes Leben. Erinnerungen, Stuttgart 2001.
Bavendamm, Dirk: Bonn unter Brandt. Machtwechsel oder Zeitenwende, Wien 1971.
Brandt, Willy: Begegnungen und Einsichten. Die Jahre 1960–1975, Hamburg 1976.
Brandt, Willy: Mehr Demokratie wagen. Innen- und Gesellschaftspolitik 1966–1974, bearbeitet von Wolther von Kieseritzky, Bonn 2001, Berliner Ausgabe Band 7.
Dahrendorf, Ralf: Gesellschaft und Demokratie in Deutschland, München 1965.
Dahrendorf, Ralf: Gustav Dahrendorf. Das aktive Leben, in: Ders.: Liberale und andere: Portraits, Stuttgart 1994, S. 23–54.

Ehmke, Horst: Mittendrin. Von der Großen Koalition zur Deutschen Einheit, Berlin 1994.

Eppler, Erhard: Komplettes Stückwerk. Erfahrungen aus fünfzig Jahren, Frankfurt am Main 1996.

Eschenburg, Theodor: Jahre der Besatzung: 1945–1949, Stuttgart 1983.

Gelder, Ludwig: Zurück auf die Märkte der Welt. Die Arbeit für den Neubeginn des Außenhandels unter Besatzungsrecht. In: Gerhard Schröder u.a.: Rückkehr zum Markt. Wiederaufbau nach 1945. Hamburg 1982, S. 109–181.

Genscher, Hans-Dietrich: Erinnerungen, Berlin 1995.

Hochstätter, Matthias: Karl Schiller. Eine wirtschaftspolitische Biografie, Phil. Diss., Hannover 2006 (Online).

Jürgs, Michael: Bürger Grass. Biographie eines deutschen Dichters, München 2002.

Keynes, John Maynard: Treatise on Money, London 1930.

Lüth, Erich: Max Brauer. Glasbläser, Bürgermeister, Staatsmann, Hamburg 1972.

Lüth, Erich: Erich Klabunde. Politik und Journalist der ersten Stunde, Hamburg 1971.

Lütjen, Torben: Karl Schiller (1911–1994). „Superminister" Willy Brandts, Bonn 2007.

Mewes, Christa: Mein Leben. Herausgefordert vom Zeitgeist, Gräfelfing 1999.

Möller, Alex: Genosse Generaldirektor, München 1978.

Schildt, Axel: Max Brauer, Hamburg 2002.

Schiller, Karl: Berliner Wirtschaft und deutsche Politik, Stuttgart 1964.

Schiller, Karl: Der schwierige Weg in die offene Gesellschaft: Kritische Anmerkungen zur deutschen Vereinigung, Berlin 1994.

Schiller, Karl: Produktivitätssteigerung und Vollbeschäftigung durch Planung und Wettbewerb (1953), in: Der Ökonom und die Gesellschaft. Das freiheitliche und soziale Element in der modernen Wirtschaftspolitik. Vorträge und Aufsätze, Stuttgart 1964, S. 104–136.

Schöllgen, Gregor: Willy Brandt. Die Biographie, Berlin 2001.

Soell, Hartmut: Helmut Schmidt. 1918–1969. Vernunft und Leidenschaft, München 2003.

Tormin, Walter: Die Geschichte der SPD in Hamburg 1945 bis 1950, Hamburg 1994.

Zeittafel

24. April 1911:	Geburt in Breslau
Februar 1931:	Abitur an der Hebbelschule in Kiel
April 1931:	Immatrikulation an der Universität Kiel für das Fach Volkswirtschaftslehre
1. März 1934:	Diplomprüfung in Heidelberg
27. April 1935:	Promotion in Heidelberg
1. September 1935:	Eintritt in das Institut für Weltwirtschaft (IfW) in Kiel
Februar 1936:	Leitung einer Forschungsgruppe des IfW
22. Februar 1939:	Habilitation an der Universität Kiel
30. August 1939:	Dozentur für wirtschaftliche Staatswissenschaften in Kiel
8. Mai 1941:	Beginn des Wehrdienstes
1. April 1944:	Außerordentlicher Professor an der Universität Rostock; Schiller konnte diesem Ruf aufgrund des Krieges jedoch nicht folgen
Juni 1945:	Entlassung aus englischer Kriegsgefangenschaft als Oberleutnant
19. Juli 1945:	Leiter der Zeitschrift „Weltwirtschaftliches Archiv" in Hamburg
Juli 1946:	Leitung der Gutachter-Kommission zum wirtschaftlichen Wiederaufbau Hamburgs
5. April 1947:	Ordentlicher Professor für Volkswirtschaftslehre an der Universität Hamburg

13. Oktober 1948:	Senator für Wirtschaft und Verkehr in Hamburg
Januar 1954:	Rückkehr auf den Lehrstuhl an der Universität Hamburg
20. November 1956:	Amtsantritt als Rektor der Universität Hamburg
12. November 1958:	Rektoratsübergabe an Professor Ernst Georg Nauck
21. Dezember 1961:	Senator für Wirtschaft und Kredit in Berlin
19. September 1965:	Wahl zum Berliner Bundestagsabgeordneten durch das Abgeordnetenhaus, Rücktritt als Senator für Wirtschaft und Finanzen am 25. September 1965
Oktober 1965:	Wirtschaftspolitischer Sprecher der SPD-Bundestagsfraktion
1. Dezember 1966:	Bundesminister für Wirtschaft
13. Mai 1971:	Bundesminister für Wirtschaft und Finanzen
2. Juli 1972:	Rücktritt als Bundesminister
30. September 1972:	Austritt aus der SPD
15. Oktober 1975:	Leiter der Volkswirtschaftlichen Abteilung des Verlagshauses Axel Springer
31. Januar 1978:	Ausscheiden aus dem Verlagshaus Axel Springer
1980:	Wiedereintritt in die SPD
Juli 1984:	Erfolgreicher Schlichter im Tarifkonflikt zwischen der Deutschen Lufthansa und der Gewerkschaft ÖTV
6. Mai 1986:	Bürgermeister-Stolten-Medaille der Freien und Hansestadt Hamburg
24. April 1991:	Großes Bundesverdienstkreuz
26. Dezember 1994:	Tod in Hamburg

Nachwort

Geschichte wird von Menschen gemacht. Die Geschichte meiner Vaterstadt haben Menschen aller Schichten gemacht. Sie kamen aus der Fischerei, aus Handwerk und Gewerbe, aus Handel und Schifffahrt. Einige wohnten großartig an der Elbchaussee oder an der Alster, andere wohnten in Ottensen, in Barmbek, Eimsbüttel oder Hammerbrook. Manche kamen vom platten Lande, andere aus der Arbeiterbewegung. Im Laufe der Generationen haben sich immer wieder einige der Hamburger Bürger ein großes Verdienst um Hamburg erworben. Die jetzigen Generationen an jene Leistungen zu erinnern, auch an die Fehlschläge, erscheint mir wünschenswert, um den heute lebenden Nachfahren ihre mitbürgerliche Verantwortung ins Bewusstsein zu heben.

Nicht ganz zu Unrecht hat Alfred Lichtwark Hamburg einmal als geschichtsvergessen gescholten. Auch heutzutage ist unser Geschichtsbewusstsein nur dürftig, es reicht zumeist nicht weiter zurück als bis zur Nazi-Zeit, zum Krieg und zur Bombenkatastrophe. Zwar ist gewiss auch für morgen vieles und Wichtiges aus jenen Jahrzehnten zu lernen – aber wie steht es mit den Lehren und den Konsequenzen aus dem vorangegangenen Fehlschlag des ersten deutschen Demokratie-Versuches? Haben damals die Hamburger Politiker, die Abgeordneten und Senatoren der Weimarer Zeit, ihre Aufgaben gegenüber dem demokratisch verfassten Deutschen Reich gut genug erfüllt? Wer eigentlich hat damals in Hamburg regiert? Warum kam die dringend nötige Vereinigung mit Altona, Harburg und Wandsbek nicht zustande? Wie gut haben damals die „Bürgerlichen" und die Sozialdemokraten im Rathaus zusammengearbeitet? Worin bestand die Leistung von Carl Petersen und Otto Stolten, wer ist heute bereit, aus ihrer gemeinsamen Leistung zu lernen – und aus deren Ende? Wer weiß überhaupt etwas darüber?

Eine Generation zuvor haben zwei hamburgische Geschäftsleute und ein Arbeiterführer herausgeragt: der Reeder Albert Ballin, der Bankier Max Warburg und der Drechslermeister August Bebel. Wer aber weiß noch, dass auch sehr viele Hamburger in den letzten beiden Jahrzehnten vor dem Ersten Weltkrieg der Großmannssucht des Wilhelminismus verfallen sind – bleibt daraus etwas zu lernen? Wer weiß noch, dass Bebel, der fast ein Vierteljahrhundert Hamburg im Reichstag vertreten hat, im 19. Jahrhundert insgesamt fünf Jahre im Gefängnis war – bleibt aus Bebels Leben etwas zu lernen?

In der mehr als ein Jahrtausend überspannenden hamburgischen Geschichte war die Stadt nie Residenz von Herzögen, Fürstbischöfen, Kurfürsten oder Königen. Keine Potentaten haben der Stadt große Prachtstraßen und Paläste gebaut, weder Staatsopern noch große Gemäldegalerien, kein Fürst hat eine Universität oder eine Kathedrale errichtet. Vielmehr ist Hamburg trotz der Abwesenheit von Potentaten eine bedeutende Stadt geworden – nämlich wegen der opferwilligen Tatkraft vieler seiner Bürger. Hier gibt es über eintausend gemeinnützige Stiftungen. Hinter manchen stehen große Namen wie Laeisz, Siemers, Sieveking, Warburg, Toepfer, Körber, Otto, Greve oder Bucerius. Andere Stifter sind bescheiden im Hintergrund geblieben, und wieder andere Gründungen sind mühsam aus Arbeitergroschen finanziert worden.

Aber immer wieder, das sollten die heutigen Hamburger wissen, stoßen wir auf einzelne Personen, die einen dringenden Bedarf ihrer Stadt erkannt und sodann als Bürger die Initiative ergriffen haben. Das gilt gleichermaßen für die Kunst, für die Musik, für das Theater, für die Schulen und für die Wissenschaften. Dabei sind viele der selbstbewussten Hamburger gar keine waschechten Hanseaten, sondern sie stammen ursprünglich aus anderen Landschaften. Die liberale, offene, ja weltoffene

Atmosphäre der Stadt hat manche bedeutende Menschen von außerhalb angezogen – und die Stadt hat sie sodann vereinnahmt. Das gilt für Herbert Weichmann, für Ida Ehre und Marion Dönhoff, für Rolf Liebermann oder Rudolf Augstein. Zwar sind Händel, Lessing oder Brahms später wieder gegangen, manche Genies sind nun einmal nicht sesshaft; jedoch haben sie die Stadt ebenso beeinflusst wie manche dänische, holländische, türkische oder spanische Kaufleute, wie die Hugenotten aus Frankreich oder die sephardischen Juden von der Iberischen Halbinsel, die hiergeblieben sind. Sie alle haben beigetragen zu der hamburgischen Lebensphilosophie des „Leben und leben lassen".

Auch in Zukunft wird aber diese Stadt sich nicht einfach ihrem Wohlstand hingeben dürfen. Denn in selbstgenügsamer Behaglichkeit könnte sie zum Spießbürgertum herabsinken. Vielmehr braucht Hamburg auch morgen und übermorgen immer wieder Personen mit Perspektive, mit Urteilskraft und mit Energie. Dafür bietet die hamburgische Geschichte hervorragende Beispiele. Um diese Vorbilder ins Bewusstsein der Heutigen zu heben, gibt die ZEIT-Stiftung Ebelin und Gerd Bucerius eine Buchreihe *Hamburger Köpfe* heraus. Wir stellen darin knappe Biografien vor, welche die dargestellten Personen in ihrer Zeit, in ihrem historischen Zusammenhang zeigen sollen. Dabei werden einige Personen fehlen, weil über sie bereits gute, in wissenschaftlich-kritischer Distanz geschriebene Biografien vorliegen.

Bei aller Vitalität der Gegenwart müssen wir uns des menschlichen Versagens und der Katastrophen in der Vergangenheit bewusst bleiben. Wenn die Hamburger damals rechtzeitig die Gefährdungen erkannt und wenn sie vorbeugend gehandelt hätten, so hätten weder in der Mitte des 19. Jahrhunderts der Hamburger Brand noch am Ende des gleichen Saeculums die Cholera-Epidemie zu solch umfassender Zerstörung sich ausgeweitet. Ein Gleiches gilt für die Flutkatastrophe in der Mitte des 20. Jahrhunderts.

In vielen Hamburger Familien sind schlimme Wunden aus der Nazi-Zeit und aus dem Kriege nicht vergessen. Es ist auch notwendig, dass Narben zurückbleiben. Denn aus den Schäden der Vergangenheit müssen wir klüger werden für die Zukunft. Wie mein Freund Eric Warburg es gesagt hat: „Wir Deutschen haben dafür zu sorgen, dass wir niemals wieder so tief fallen, aber auch dafür, dass wir nicht allzu hoch steigen." Er war ein in Hamburg geborener Jude, der aus deutschem Patriotismus nach Hamburg zurückgekehrt ist.

Helmut Schmidt
Mitglied des Kuratoriums der
ZEIT-Stiftung Ebelin und Gerd Bucerius

Bildnachweis
akg-images, Berlin: S. 71, S. 138 (AP)
Archiv Ellert & Richter: S. 15
Archiv Hebbelschule, Kiel: S. 21, 22
Bildarchiv Preußischer Kulturbesitz (bpk), Berlin: S. 11 (Tim Gidal), 14 (Erich Andres), 25, 88 (Fritz Eschen), 102 (Will McBride), 116 + 143 (Kurt Rohwedder), 150 (Charles Wilp)
Bundesarchiv, Berlin: S. 28, 39
Bundespresseamt, Berlin: S. 92, 133
Denkmalschutzamt Hamburg: S. 49, 67
Friedrich-Ebert-Stiftung e.V., Bonn: S. 10 + 144 + 147 + 149 (Jupp Darchinger), 139
Hamburger Bibliothek für Universitätsgeschichte: S. 51, 83, 86, 113
Kampfmittelräumdienst Hamburg: S. 44/45
Konrad-Adenauer-Stiftung e.V., Sankt Augustin: S. 79
picture-alliance, Frankfurt a. M.: S. 64/65 + 151 (dpa-Report), 13 + 130 + 165 (dpa-Bildarchiv), 118 (dpa), 162 (Sven Simon)
SPIEGEL-Verlag, Hamburg: S. 131, 159
Staats- und Universitätsbibliothek Hamburg: S. 34
Süddeutsche Zeitung Photo, München: S. 76 (SV-Bilderdienst), 119 (AP)
ullstein bild, Berlin: S. 77 + 93 + 105 + 117 + 126 (dpa), 107 (Frank), 158 (Bildarchiv), 171 (Teutopress), 173 (BPA), 177 (R. Janke)
Universitätsarchiv Heidelberg: S. 26, 27
Michael Zapf, Hamburg: S. 181
Sowie aus:
Torben Lütjen, Karl Schiller (1911–1994), Bonn 2007: S. 19, 20, 36, 40, 61

Umschlagporträt: Karl Schiller im März 1990 (picture-alliance, Frankfurt a. M.)
Umschlaghintergrund/Vor- und Nachsatz: Die Wirtschafts- und Sozialwissenschaftliche Fakultät der Universität Hamburg, 1961 (Hamburger Bibliothek für Universitätsgeschichte)

Bibliografische Information der Deutschen Bibliothek
Die Deutsche Bibliothek verzeichnet diese Publikation in der Deutschen Nationalbibliografie; detaillierte bibliografische Daten sind im Internet über <http://dnb.ddb.de> abrufbar.

ISBN 978-3-8319-0325-2

© Ellert & Richter Verlag GmbH, Hamburg 2008

Dieses Werk einschließlich aller seiner Teile ist urheberrechtlich geschützt. Jede Verwertung außerhalb der engen Grenzen des Urheberrechtsgesetzes ist ohne Zustimmung des Verlages unzulässig und strafbar. Dies gilt insbesondere für Vervielfältigungen, Übersetzungen, Mikroverfilmungen und die Einspeicherung und Verarbeitung in elektronischen Systemen.

Fachbeirat:
Franklin Kopitzsch, Hamburg
Hans-Dieter Loose, Hamburg
Theo Sommer, Hamburg
Ernst-Peter Wieckenberg, München

Text und Bildlegenden:
Uwe Bahnsen, Hamburg
Lektorat: Stefan Mayr, Hamburg
Gestaltung: Büro Brückner + Partner, Bremen
Lithografie: Griebel-Repro, Hamburg
Druck: Tutte Druckerei GmbH, Salzweg bei Passau
Bindung: S. R. Büge GmbH, Celle